만화로 보는
한국근현대사

혁명과 박헌영과 나 2부 ❶
해방 후 3년간 박헌영의 활동과 그 역사적 배경

무너진 하늘

이 책은 이정 박헌영의 기록을 통해 일제강점기부터 해방까지 독립운동가들의 치열했던 삶을 그리고 있다.

나는 이 자리에 오기 훨씬 전부터 살아서 나갈 수 없는 신세임을 느끼고 있었다. 이 재판은 말 그대로 요식일 뿐, 어떠한 최후 진술도 너희들의 각본을 뒤집을 수 없다는 사실을 잘 알고 있다. 그렇다면 결론부터 말하겠다. 너희들의 주장대로 나는 미제의 간첩이었다. 그러나 너희들이 주장하는 미제 간첩과 내가 주장하는 미제 간첩은 엄격히 다르다. 나는 남조선에 있을 때, 아니 그 훨씬 전부터 미국 사람들과 교분이 있었다. 그 교분은 조국의 해방과 통일된 조국 건설을 위한 차원이지 결코 간첩행위가 아니다. 남조선에서 나는 미군정 고위장성들을 만나 내가 통일조국의 최고 책임자가 되면 미국과도 국가 정책을 협의할 수 있다고 분명히 밝혔다. 내가 약속한 그 협의는 현재 소련과 미국의 두 지도자가 서로 얼굴을 맞대고 국제문제를 협의하고 있는 것과 같은 맥락이다.

— 1955년 12월 재판, 박헌영 최후진술 중에서

혁명과 박헌영과 나

해방 후 3년간 박헌영의 활동과 그 역사적 배경

무너진 하늘

2부 1 감격적인 해방에서 1945년 9월까지의 박헌영

이정기념사업회

피 끓는 젊은이들의 기록

　일본 총리가 야스쿠니 신사 참배를 하면 우리나라뿐만 아니라 중국 미국을 비롯하여 아시아 각국의 톱 뉴스거리가 된다. 일본 총리가 자국의 신사를 참배하는 것과 우리나라 대통령이 국립묘지를 참배하는 것이 뭐 그리 큰 차이가 있을까? 태평양 전쟁을 일으킨 일본 전범들의 위패가 있는 야스쿠니 신사를 참배한다는 것은 일본 제국주의의 침탈로 엄청난 희생을 치러야 했던 상처를 들쑤시는 일임을 요즘의 젊은이들은 알아야 한다. 독도를 지키는 일의 중요함을 알려면 우리나라가 일본에 강점당했던 시기의 역사를 뼈아프게 되새겨봐야 한다. 20세기의 역사를 모르고 21세기를 열 수는 없기 때문이다.

　20세기의 세계는 인류 역사상 가장 큰 격동의 100년이었다. 두 번의 세계 대전을 겪었고 자본주의와 공산주의 체제로 나뉘어 살얼음판을 걸으며 이데올로기 전쟁이라 불리는 냉전의 시기를 거쳤다. 그 치열한 두 번의 세계대전과 냉전의 소용돌이 속에서 우리나라는 빠져 나오지 못하고 있었다.

　그 역사의 중심에서 치열하게 살았던 사람들 가운데 박헌영이 있다. 그러나 남에서도 북에서도 그는 버림받은 사람이다. 우리는 그의 생애를 통해 우리나라 현대사가 어떻게 일그러지게 되었는지, 왜 우리의 삶이 아직도 이데올로기의 벽에 갇혀 있는지 알 수 있다.

　우리 민족의 가장 치욕스러운 역사인 일제강점기를 피 끓는 젊은이로 살았던 사람들, 그래서 선각자 소리를 들었던 사람들, 그러나 그들의 나이는 고작 십대, 이십대였다. 그런 그들이 일제 강점기의 역사를 어깨에 짊어지고 그 어두운 시대의 등불을 밝혔다. 『꽃다발도 무덤도 없는 비운의 독립운동가—만화 박헌영』은 박헌영을 중심으로 그들의 이야기를 풀어 나간다.

　전국 각지에서 잘나고 똑똑한 젊은이들이 경성으로 모여들어 3·1운동을 주도하고, 일부는 국내에서, 일부는 해외로 나가 조국 독립과 일본 제국주의의 축출을 위한 독립운동에 매진했다. 그때 식민지 청년들은 러시아혁명의 성공으로 탄생한 소비에트 정권에 커다란 충격을 받고, 식민지 해방을 지원해주는 소비에트 연방과 식민지를 소유하고 있는 제국주의 국가의 자유민주주의 이념 가운데 어느 쪽을 선택할 것인가 하는 문제로 치열한 논쟁을 벌였다. 게다가 식민지 해방을 위해 무장투쟁을 할 것인가, 제국주의 열강들에게 평화적인 외교로 그 부당성을 호소할 것인가 하는 투쟁 방법을 두고도 갈등을 겪어야 했다. 어느 쪽이 옳았다고 말할 수는 없다. 역사는 그 답을 말해주지 않는다. 하지만 분명한 것은 모든 독립운동가들의 삶은 기록되어야 하고, 그들의 삶은 역사적 사실로 남아야 한다는 것이다. 역사는 사실의 기록이기 때문이다.

박헌영의 독립운동 자료를 발간하기 위해 역사학도들이 국립중앙도서관, 국회도서관, 미국문서기록보존소, 러시아문서기록보존소에서 11년간 자료를 찾아 모은 노력의 결실로 2004년 권당 600~700쪽에 달하는 전집 9권을 출간했으며, 이를 통해 일제 강점기에 피 끓는 젊음을 불살랐던 박헌영의 삶에 일반 대중이 접근할 수 있는 길을 찾아 보았다. 그리고 남녀노소가 쉽게 근현대사를 이해할 수 있게 하려고 만든 만화 『꽃다발도 무덤도 없는 비운의 독립운동가—만화 박헌영』을 10여 년에 걸친 수정과 보완 과정을 통해 전6권에 담아 2014년 개정판으로 출간했다. 그 후 다시 4년의 고된 작업 끝에 해방 후 3년간 박헌영의 활동과 그 역사적 배경을 다룬 『혁명과 박헌영과 나—무너진 하늘』이라는 3권의 후속편을 펴냄으로써 길고 길었던 대장정을 끝마치게 되었다.

산 자의 그리움이 족쇄가 되어 시작한 일은 전집 작업 11년, 만화 작업 14년, 도합 25년의 사반세기 세월을 보내고서야 온전한 박헌영의 기록으로 남게 되었다. 책을 읽지 않는 세태에 근현대사에 쉽게 접근할 수 있는 역사 기록으로 이 만화책이 쓰임이 있기를 바랄 뿐이다.

원경 대종사(조계종 원로의원)

이 책이 나오기까지

남에서는 월북한 남로당의 괴수, 북에서는 미제의 간첩으로 1956년 김일성에 의해 처형당한 박헌영!

1980년대의 끄트머리를 보낸 나에게는 일제강점기의 항일운동가이며 혁명가인 박헌영에 대한 개인사는 의문투성이였고, 쉽사리 알 수 없는 인물이었다.

그러던 중 1994년 『역사비평』 여름호에 소련의 여류학자 사브리나 쿨리코바 여사가 쓴 「소련의 여류 역사학자가 만난 박헌영」과 1997년 『역사비평』 여름호에 실린 「혁명과 박헌영과 나」라는 글을 보게 되면서 언젠가 때가 되면 인물 근현대사로 박헌영을 그려보겠다는 소망을 갖게 되었다.

막연히 품었던 소망은 2004년 역사학자들의 11년간에 걸친 노력으로 역사문제연구소가 발행한 『박헌영 자료전집』(전 9권)의 심포지엄 및 출판기념회와 임경석 교수의 『이정 박헌영 일대기』를 접하면서 구체화되었다. 박헌영의 생애를 만화로 그리겠다는 작은 소망은 이 자료들을 바탕으로 시작할 수 있게 되었다.

처음 생각했던 분량은 200페이지 5권 정도였다. 하지만 작업을 하다 보니 욕심이 생겼다. 그 분량으로는 박헌영과 경성콤그룹 핵심 인물들만 담기에도 벅찼기 때문이다. 또 당시의 시대 상황을 모르고서는 박헌영을 제대로 이해하기 어렵다는 생각에 역사적 배경을 설명해야 할 필요성도 절감했다.

그리고 만화를 그리는 동안 안재성 선생님의 『박헌영』, 『이현상 평전』 등과 같은 새로운 역사들이 발굴되었다. 사전조사를 하면서 알게 된 박헌영의 누나 조봉

희와 그 아들 한산스님의 이야기는 만화 원고 분량을 대폭 늘리는 계기가 되었다.

암울했던 격동의 시대에 조국과 민족을 위해 바람처럼 왔다가 구름처럼 흩어져간 비운의 독립운동가들의 삶을 가능한 한 많이 기록해보자는 욕심이 과해 생각보다 많은 시간을 잡아먹었다.

작업 기간만 10여 년의 시간을 훌쩍 넘기면서 내 능력의 한계를 절감했다. 이 기간은 내 안의 모든 에너지를 쥐어짜내는 고난의 시간이었지만, 내 능력에 새롭게 도전하고 고뇌하는 시간이기도 했다. 어쩌면『꽃다발도 무덤도 없는 비운의 독립운동가—만화 박헌영』은 나 자신의 성찰 기록인지도 모른다.

만화를 그리면서 역사에 누를 끼치는 일이 없도록 픽션을 최대한 자제하고 사료와 여러 인물들의 진술에 입각한 사실적인 이야기를 그리려 노력했으며, 극적인 구성들은 합리적인 수준에서만 그리려 최선을 다했다.

『꽃다발도 무덤도 없는 비운의 독립운동가—만화 박헌영』은 해방 이전까지의 내용을 6권에 담았다. 이제 4년여의 시간을 들여 해방 후 3년간 박헌영의 활동과 그 역사적 배경이 되는『혁명과 박헌영과 나—무너진 하늘』(전 3권) 작업을 끝내게 되었다.

이로써 14년에 걸친 박헌영에 대한 기록을 마치게 되었다. 이 책이 근현대사를 그리는 역사만화의 시작이 되기를 바랄 뿐이다.

만화가 유병윤

2부 1권 등장인물

김 구 동학 접주 출신으로 임시정부 초대 경무국장을 지내고 내무총장, 국무총리 대리를 거쳐 국무령이 되었다. 충칭에서 임시정부의 주석이 되어 해방을 맞았다. 김규식과 함께 남북협상을 위해 평양을 방문했으나 민족통일정부 수립에 실패하고, 남북한의 단독정부가 각각 수립된 뒤 민족통일운동을 전개하다가 암살당했다.

김두한 일제강점기 말 18세의 나이에 경성 건달패의 우두머리가 되었으며, 경성특별지원청년단(반도의용정신대)을 조직하여 친일에 앞장섰다. 해방 후 조선공산당 산하의 조선청년전위대의 대장이었으나 곧 탈퇴하고 전향하여 반공주의자가 되어 정치테러를 일삼았다.

김삼룡 해방 후 박헌영의 조선공산당 재건파로 활동하다가 남로당 조직부장이 되었으나 경찰에 체포되어 사형선고를 받고 한국전쟁이 발발하자 사형되었다.

김일성 본명은 김성주로 중국공산당에 소속된 항일유격부대와 연합하여 동북항일연군의 지휘간부로 활동하다가 해방 후 북한에서 조선공산당 북조선분국의 책임비서로 선출된 후 북한 단독정부의 내각수상이 되었다.

김종원 일본 관동군 하사관 출신으로, 해방 후 육군 제1대대 A중대 소대장이 되어 여순사건의 진압군으로 파견되었다. 태평양전쟁 참전 때 인육을 먹었다는 말을 태연히 하고 다녔으며, 성격이 난폭하고 잔인하기로 유명했다. 거창 양민학살사건 당시 국회조사단을 빨치산으로 위장한 국군병

력으로 습격하려다가 발각되어 구속되었으나 풀려난 뒤 치안국장이 되었다.

김해균 한산의 이복형. 해방 후 박헌영이 정치활동을 할 때 집을 내주었다.

박병삼 박헌영의 아들. 박헌영과 둘째부인 정순년 사이에서 태어났다. 고아가 되어 배를 곯다가 사촌형이자 박헌영의 동지인 한산스님을 만나 지리산 빨치산들과 생활하기도 했으며, 출가한 법호 원경의 세속명이다.

박지영 박헌영의 이복형. 계모 이학규를 돌보았고, 배다른 동생 박헌영의 고된 혁명적 삶을 지지하는 든든한 버팀목이 되었다.

샤브신 소비에트연방의 군인이자 외교관으로 해방 전후 시기에 서울의 소련 영사관 부영사로 근무하며 국내 공산주의자들에게 많은 도움을 주었다.

소산(김정진) 조봉희의 딸. 박헌영의 조언으로 미국으로 유학을 갔다. 경성 최대의 요정인 대원각의 주인이 되었으며, 박헌영의 혁명자금을 지원했다.

스탈린 레닌 사후 소비에트연방의 서기장이 된 최고 권력자였다. 제2차 세계대전이 일어났을 때 미국과 함께 독일과의 전쟁에서 연합국의 승리를 이끌었다. 해방 후 조선공산당의 정책노선에 지대한 영향을 끼쳤다.

여운형 상해임시정부 의정원 의원을 지낸 독립운동가로, 해방 후 조선건국준비위원회를 조직하고 그 위원장이 되었다. 김규식 등과 함께 좌우합작운동을 전개하다가 1947년 저격을 당해 사망했다.

이관술 일제강점기에 경성반제동맹을 이끌고 조선공산당 재건운동을 한 사회주의운동가로, 해방 이후 조선공산당의 재정부장으로 활동했다. 조선정판사 위폐사건으로 미군정 경찰에 검거되어 무기징역형을 선고받고 수감되었다가 한국전쟁 발발 직후 처형당했다.

이승만 상해임시정부의 임시대통령이었으나 임시정부 의정원에 의해 탄핵되었다. 해방 후 귀국하여 우파의 주요 정치인으로 활동하다가 대한민국 정부 수립 후 초대 대통령이 되었다.

이승엽 일제강점기에 공산청년동맹에서 활동했으며, 해방 후 조선공산당 정치국원으로 활동했다. 한국전쟁 발발 후 서울시 임시인민위원장을 지냈으나 남로당계 숙청재판에서 사형을 선고받고 처형되었다.

이주하 원산총파업에 참여했으며, 김삼룡과 함께 남로당을 지도했다. 경찰에 체포된 뒤 북에 억류되어 있던 조만식과의 교환 제의가 있었으나 한국전쟁이 발발하자 즉결처형되었다.

이현상 일제강점기의 총 수감기간만 13년이 넘는 사회주의운동가로, 월북하여 군사정치학교인 강동정치학원에서 수학하다가 남으로 내려와 지리산으로 들어가 빨치산의 총책임자가 되었다.

정태식 박헌영과 함께 경성콤그룹을 조직하고 해방 후 조선공산당 기관지인 『해방일보』 주필 겸 전국인민위원회 중앙위원으로 활동했으며, 남로당 제3인자로 활약했다.

조봉희 폐병을 앓던 부친으로부터 격리되어 서울 본가에서 자랐다. 그로 인해 어머니 이학규와 일찍부터 떨어져 지냈다. 어머니의 재가 소식을 듣고 한때 출가를 기도했다가 권번에 들어 기생이 되었다. 박헌영의 후원자가 되어준 이성동복의 누나이다.

한 산 박헌영의 누나 조봉희의 아들로, 세속명은 김제술이다. 박헌영의 혁명 동지 가운데 한 사람이다. 불가에 귀의하여 '한산'이라는 법명을 가진 스님이 되었으며, 박헌영의 어린 아들 박병삼을 동자승으로 출가하게 하여 승가의 길로 이끌었다. 국군의 토벌 와중에 지리산 남부군과 함께 산중생활을 하던 소년 박병삼을 탈출할 수 있도록 도왔다.

허가이 러시아 연해주에서 출생한 교포 2세로, 소련공산당 지방당 간부로 활동하다가 소련군의 북한 진군 때 입국한 대표적인 소련파였다. 1949년 6월 남북노동당 연석회의에서 박헌영과 함께 조선노동당 부위원장으로 선출되어 노동당의 실질적 관리자가 되었다. 박헌영과 함께 김일성의 농업정책과 식량정책에 반기를 들었으며, 1953년 박헌영에 대한 내사가 본격화되는 것을 보고 권총으로 자살했다.

1945년 9월까지의 박헌영

1945년 8월 15일(46세) 광주에서 벽돌공장 노동자로 일하던 중 일본 제국주의의 패망을 맞았다. 이날 오후 서울 거리에는 "박헌영 동무는 빨리 나타나서 우리들의 지도에 當하라!"는 박헌영의 출현을 촉구하는 삐라가 나붙었다.

1945년 8월 17일 건국준비위원회 전남 대표단과 함께 광주를 출발하여 상경길에 올랐다. 경성콤그룹 전남 비밀 조직원인 고항(高抗)이 건준 전남 대표단의 일원이어서 박헌영은 건준 대표단이 탑승한 목탄 트럭에 동승할 수 있었다.

1945년 8월 18일 서울에 도착하자마자 경성콤그룹 간부회의를 소집했다. 박헌영은 상경길에 전주에서 막 출옥한 김삼룡과 합류했으며, 곧바로 경성콤그룹 멤버들, 감옥과 지하에서 나온 다른 공산주의자들을 소집했다. 박헌영은 저녁 때 계동에 있는 홍증식의 집에서 경성콤그룹 간부회의를 열었다. 이주상·이관술·김삼룡·이현상 등 17~18명이 참가한 회의에서 공산당 재건의 원칙적 합의를 하고 조선공산당 재건준비위원회 결성과 기관지 『해방일보』의 창간을 결정했다. 이날 회의 참가자 가운데는 이름만 알고 있다가 박헌영의 얼굴을 처음으로 보는 사람들도 있었다.
박헌영은 회의를 마치자마자 서울 주재 소련 영사관을 찾아가 부영사 샤브신과 회담했다. 해방 직후 조선 공산주의자들의 일차적 관심 가운데 하나는 사회주의 나라 소련과의 연계를 구축하는 일이었다. 서울에서 소련과 관계를 맺을 수 있는 유일한 기관은 서울 주재 소련 영사관이었다. 박헌영은 샤브신에게 당 재건 문제는 자기에게 맡겨달라고 요청했고, 샤브신은 세 차례에 걸쳐 10여 년 동안 감옥생활을 하는 등 화려한 투쟁 경력을 가진 박헌영이 뛰어난 마르크스·레닌주의 이론으로 무장하고 있음을 높이 평가하고 그를 적극 지원하기로 약속했다. 박헌영과 샤브신은 이날 이후 거의 매일 한두 차례 이상 만나 정치현안들을 토의했다. 샤브신의 아내가 본 박헌영은 지식인다운 외모에 침착하고 과묵했으며, 오랜 지하활동으로 주위를 살피는 습관을 갖고 있었

해방직후, 공장 벽면에 공산당 최고지도자 박헌영에 대한 구호가 걸려 있다.

다고 한다. 미군 정보기관은 소련 영사관과 박헌영의 연락관계를 파악하기 위해 집요한 노력을 기울였다.

1945년 8월 20일 조선공산당재건준비위원회를 결성했다. 박헌영은 모스크바에 있을 때 김단야, 김정하, 조두원, 권오직, 고명자, 박용선 등 30여 명을 중심으로 조선공산당재건위원회를 조직한 적이 있었다. 박헌영은 모스크바의 기억을 떠올려 경성콤그룹을 '재건위원회'로 개칭했다고 한다. 세칭 '재건파 공산당'의 등장을 알린 재건준비위원회에서 박헌영은 「현 정세와 우리의 임무」라는 '8월 테제'를 발표하고 잠정적인 정치노선으로 통과시켰다. 광주에서 해방을 맞아 서울로 오는 데만 이틀이 걸렸고, 오자마자 회의를 열고 샤브신을 만나는 등 바쁜 나날을 보내야 했던 박헌영은 '8월 테제'를 쓸 여유가 없었다. 따라서 '8월 테제'는 해방 이전 일본에 대한 소련의 선전포고 소식을 전해들은 때부터 준비되었을 것으로 보인다. 박헌영은 재건위원회에서 발표할 '8월 테제'를 마무리하기 위해 소련 영사관의 도서관에서 코민테른 제7차 대회 관련 자료를 빌려보았다고 한다.

1945년 8월 하순 도당 조직을 설립하기 위해 전권대표들에게 위임장을 주어 파견

했다. 당 중앙위원회(경성콤그룹)는 전권대표들에게 중앙위원회 비서 박헌영의 서명이 담긴 위임장을 주어 남북한의 각 도와 주요 도시에 파견했다. 지방의 당 조직은 매우 성공적으로 진행되어 9월 초에는 황해도, 평안남도, 평양시와 군 지역에 일부 영향력 있는 당 조직들을 설립했다. 전권대표들의 파견 시점은 조선공산당재건준비위원회 발족과 동시에 이뤄진 것으로 보인다.

1945년 9월 6일 전국인민대표자대회에서 조선인민공화국 중앙인민위원회가 결성되었다. 박헌영은 오후 4시 경기여고 강당에서 열린 전국인민대표자대회에 직접 참가하지는 않았지만, 조선공산당의 민족통일전선 정책의 일환으로 사실상 대회 개최를 주도했다. 박헌영은 이 대회에서 성립한 조선인민공화국에 대해 "최대한도의 포용력을 발휘하여 각 단체·파벌·계급에 접근하여 신교·성별을 초월하고서 가장 넓은 범위의 통일민족전선을 결성하기에 노력한 결과였다"고 평가했다.

『해방일보』 창간호 1945년 9월 19일자

17세의 원경스님. 1941년 3월, 박헌영과 정순년 사이에서 태어났다.

어린 시절의 원경스님(동그라미 안). 뒷줄 가장 오른쪽 얼굴이 지워진 사람이 한산스님이다.

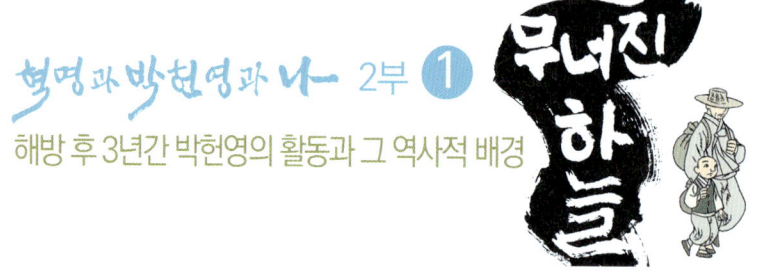

혁명과 박헌영과 나 2부 ① 무너진 하늘
해방 후 3년간 박헌영의 활동과 그 역사적 배경

8월테제 …… *17*

프롤로그 …… *27*

1장 아지트 …… *41*

2장 체포 …… *133*

3장 빨치산 …… *233*

4장 아버지 박헌영 …… *295*

5장 재건 …… *345*

8월테제—현 정세와 우리의 임무*

현 정세

독일의 붕괴, 일본의 무조건 항복으로 2차 세계대전은 마침내 끝이 나고 말았다. 국제 파시즘과 군벌 독재의 압박으로부터, 인류는 구원되어 자유를 얻은 것이다.

전후 여러 가지 국제 문제의 해결과 평화 유지를 위한 국제기관의 창설이 필요하였다. 이것을 위하여 포츠담회담이 열렸던 것이다. 이에 국제 문제는 어느 정도 바르게 해결되었고 영구는 못 될지언정 상당히 오랜 기간의 세계 평화를 위한 평화 유지 기관은 조직된 것이다. 이에 조선의 해방은 실현되었다. 그러나 그것은 우리 민족의 주관적 투쟁적인 힘에 의해서보다도 외부세력에 의해 실현된 것이다. 세계 문제가 해결되는 마당에 따라서 조선 해방은 가능하였다. 지금은 모든 국가를 개별적으로 보아서는 안 되며 개별적 국가의 문제를 전 세계의 견지에서 해결하여야 한다는 것이 세계 정치의 흐름이다. 이것은 민족주의에 대한 국제주의의 승리를 의미한다.

이것은 제2차 세계대전의 교훈이다. 파시즘과 일본과의 전쟁에서 조선은 자기의 떳떳한 역할을 하지 못하였고 식민지로서 일본을 지지하지 않으면 안 되었다. 이것은 조선의 의사는 아니었지만 조선이 일본의 제국주의 전쟁 과정에서 적지 않은 협조를 하였다는 것을 부인할 수 없다. 이제 조선 인민이 이 사실을 비판적으로 평가하여야 할 때가 왔다. 이것은 앞으로 조선이 다른 나라들 중에서 진보적

---

* 1925년 창립된 조선공산당을 1945년 재건하는 데 결정적 토대가 된 문건이다. 독자들은 공산당이라는 이름에 저항감을 가질 수도 있다. 그러나 당시 소련공산당이 식민지 해방을 적극 도왔고 중국공산당이 항일투쟁의 전면에 나섰던 사실을 고려할 필요가 있다. 중요한 것은 테제의 '자구'가 아니라 테제에 담긴 '박헌영의 생각'이다.

인 역할을 하여야 할 전제인 것이다. 현재 세계혁명의 발전 과정은 이렇게 조선과 같이 특수한 처지에 있는 나라에서 평화적으로 혁명이 진행되는 것이 가능하다는 것을 보여주었다. 이것은 세계혁명의 등대, 국제프롤레타리아의 조국, 지구의 5분의 1을 차지하는 소련이 사회주의 사회를 건설하고 이러한 승리를 달성한 결과이며, 우리가 장애 없는 국제적 및 군사적 영향을 가질 수 있게 된 결과이다. 세계혁명 정세는 조선이 평화적 방법으로 민족적 자유를 얻을 수 있는 조건을 조성하였다.

그러나 조선 국내 정세는 좀 다르게 조성되고 있다. 심지어 오늘의 혁명적 환경에서도 혁명의 기본 역량이 미약하므로 이로 인하여 국제적인 지원에도 불구하고 일본제국주의자들을 구축하기 위한 인민적 운동 혹은 봉기가 없으며, 그와 동시에 민족 해방으로 야기된 자연발생적 운동을 제어할 수 있는 세력도 없다. 혁명의 이런 미약한 상태에서 조선에 있는 일본 군대는 자기 천황의 명령에 복종하지 않고 북조선에서 붉은 군대에 계속 저항하고 있고, 지금 붉은 군대가 서울로 진입하는 것에 대비하여 전투를 전개하기 위한 책동을 하고 있다. 현재도 그들은 사람들을 총살하고 그들의 재산을 파괴하는 등 인민에 대한 무장약탈을 계속하고 있다. 그러나 우리는 그들의 약탈행위에 대하여 한마디 말도 못 하는 가련한 처지에 있다.

세계정세는 상상하기 어려울 정도의 속도로 발전하고 있다. 한마디로 말하면 파시즘의 완전한 패배와 진보적 민주주의와 사회주의의 승리는 세계 혁명을 더 높은 단계로 끌어올렸다. 한편에서 소련의 비중이 커졌으며 다른 한편에서는 세계 제국주의 체제가 뒤흔들렸다. 독일과 일본 제국주의가 당한 비참한 운명은 사필귀정이다. 제2차 세계대전의 경험은 인류에게 이것을 가르치고 있다. 이로부터 전 세계 사람들은 자본주의냐 혹은 사회주의냐, 파시즘이냐 혹은 민주주의냐 하는 문제를 제기하고 있다. 즉 전후 세계에 어떤 사회를 건설하여야 할 것인가. 자체 내부에 전쟁과 착취의 원인을 내포하는 자본주의를 선택할 것인가 혹은 유일하게 자유와 평화를 보존하는 사회주의 사회를 창조하기 시작할 것인가. 유럽 인민들뿐만 아니라 우리 인민 앞에도 어떤 사회를 건설하여야 하는가 하는 문제가 제기되었다. 혹은 진보적인(발전된) 민주주의 사회를 건설할 것인가 혹은 반민주주의 국가를 건설할 것인가. 이렇게 오늘 우리 인민이 문제를 제기하고 있다. 우리 노동자, 농민, 도시 하층 주민과 인텔리는 진보적인 민주주의 국가를 희망하고 있지만 조선 민족 부르주아지(지주, 자본가, 상인)는 친일 영향을 벗어나지 못하고 반민주주의 국가 건설을 기대하고 있다.

조선혁명의 현 단계

오늘 조선은 부르주아민주주의혁명 단계에 있다. 이 혁명의 가장 중요한 과업은 완전한 민족적 독립의 달성과 농업혁명의 완수이다. 즉 일본 제국주의 완전한 추방과 토지문제를 해결하는 새 정권 수립이다. 봉건과 자본주의 잔재를 창산하기 위하여서는 우선 혁명적으로 토지문제를 해결해야 한다. 대지주들의 토지를 몰수하여 토지 없는 농민들에게 분배하여야 한다. 또한 출판, 언론, 비판, 집회 및 시위의 자유에 대한 권리를 획득하는 것도 중요하다. 공산당 및 기타 혁명적(합법적인) 단체들을 합법화하고, 정부 정책에 공산당의 참여권을 획득해야 한다. 일일 8시간 노동의 실현과 인민대중의 생활의 조속한 개조를 위해서도 투쟁해야 한다. 일본 식민주의자들에게서 토지, 산림, 지하자원, 공장 및 제조소, 운수, 우편, 은행을 몰수하고 그들을 국유화하여 국가 관리에 넘겨야 한다. 국가 재원으로 의무교육을 실현하여야 한다. 정치와 경제부문에서 여성들의 지도적 역할을 강화할 것이다. 소득의 크기에 따른 세제를 실시하며 조선의 자유와 독립을 보호하기 위해 군대를 조직해야 한다.

이런 과업들은 인민에게 근본적인 권리를 부여하는 진보적 민주주의를 반영한다. 이것들을 실현함으로써 진정한 민주주의가 성취될 것이다. 오직 이런 조건에서만 단기간에 인민생활이 개조될 수 있으며 진보적인 조선이 창조될 것이다. 노동자, 농민, 인텔리는 이 길로 가고 있다. 그들은 어쨌든 혁명적으로 전진하고 있다. 이와 반대로 조선 민족부르주아지는 어떤 희생을 치르더라도 자기의 친일적 성향을 숨기려 하고 있다. '좌파 민족주의자', '민족개량주의자', '사회개량주의자'(계급투쟁을 거부한), '사회파시스트'(반역자, 일본 제국주의 주구들) 등은 민주주의 혹은 공산주의라는 가면을 쓰고 나서기 시작하였다. 우리의 과업은 이들과 비타협적 투쟁을 전개하면서 노동자, 농민, 소부르주아지 등 혁명적 대중의 선두에 서는 것이다.

조선 공산주의 운동의 현상과 그 결점

조선 혁명운동은 국내에서나 국외에서나 널리 전개되지 못하였다. 일본 제국주의의 압제하에서, 특히 전쟁 시기에 모든 해방운동은 억압받았을 뿐만 아니라 사소한 자유사상의 표현도 금지되었다. 이 때문에 전반적으로 조선 민족운동과 특히 공산당의 활동은 지하에서 진행되었다. 비합법 조건에서 공산당은 광범한 인민적 운동을 전개할 수 없었다. 그러나 이것은 공산당이 인민과의 연계를 갖지 않았다는 것을 의미하지는 않는다. 계속되는 대규모 체포는 비합법적 운동의 가능성마저도 극도로 축소하였으나 이러한 어려운 사정에도 불구하고 국제공산당의 노선을 집행하는 공산주의 운동이 비합법적으로 대중 속에서 진행되었다는 것은 사실이었다. 1937년에 전쟁이 개시되면서 운동의 참가자들이 합법적 및 비합법적인 모든 운동을 중지하고 일본 제국주의 진영으로 넘어가기 시작하였으며, 상황은 복잡해졌다. 그 결과 운동의 지도자들은 일본 군벌의 탄압이 두려워서 반역자로 변하였던 것이다. 자기의 사상을 쓰레기통에 집어던지고 민족과 노동계급을 배반하고, 그들 자기 개인의 이익을 존중한다는 그 본래의 원칙을 노골적으로 발휘할 기회가 왔다고 생각하고 이 일시적 과도적 암흑시기에 있어서 운동을 포기하고 평안한 살림살이에 힘썼던 것이다. 이것은 비합법 운동을 거부함을 의미하는 것이었다. 탄압의 시기에는 기득의 영예에 만족하던 이런 자들은 합법적 운동의 시기, 즉 1945년 8월 15일에 하부조직의 창설이나 아무런 준비도 없이 '조선 공산당'을 조직하여 당 중앙위원회를 선출하기까지 하고 유해한 전통적인 파벌 활동을 반복하며 인민운동의 최고지도자가 되려고 희망하였다. 그들은 흔들림 없이 오래전부터 지하운동을 진행하고 있는 충실한 공산주의자들의 믿음직한 그룹이 있다는 것을 알면서 이렇게 행동하였던 것이다. 이런 결과로 조선 공산주의 운동은 분열되었다. 이런 파벌주의자들의 활동은 공산주의 운동과 정반대되는 것이 되었으며, 이 운동을 정치적으로 조직적으로 약화시키는 것이었다.

그러나 이러한 탁류가 황포히 흐르는 금일에 있어 한 가지 맑은 물결이 새암같이 쏟아져 나오고 있다. 캄캄한 밤중에 밝은 등불같이 진정한 공산주의 운동은 백색테러 시기로부터 오늘날까지 계속 빛나고 있다. 이것은 진실한 혁명운동이지만 아직은 미약하다. 과거에는 이 운동이 좁은 범위에서 진행되었으나 현재 혁명적 정세에서는 대중적 운동을 전개하고 인민을 조직하여야 한다. 독자적인 투쟁에 필요한 힘을 모으기 위해서 당은 성장하고 강화되어야 하며 경험을 쌓아야 한다. 즉 대중을 선도하는 전투적 볼셰비키당이 되어야 한다.

이를 위하여 가장 중요한 것은 인민과 연계를 맺고 무엇보다도 노동자를 중심으로 한 대중 조직들을 일으키고 대중적 투쟁을 전개하며 친일 분자들과 무자비한 투쟁을 전개하는 것이다. 공장과 기타 경제부문에 기본적 조직들을 창설하고 그들의 대표를 모아 전국적 대표회의에서 최고 지도기관을 내세울 것이다. 최소한 그와 같은 준비가 필요하다.

우리의 당면 임무

정세는 혁명적으로 발전되고 있다. 조선 인민의 혁명적 열정은 강화되고 노동자와 농민의 투쟁은 대중적으로 일어나고 있으나 전국적, 통일적, 의식적 운동은 발전되지 못하고 있다. 이러한 인민대중의 자연발생적 투쟁은 옳은 정치노선을 가지지 못하였으며 전국적 혁명적 지도가 없이 지연되고 있다. 이렇게 중대하고 절

박한 시기에 있어 조선공산당은 시각을 다투어 진정한 노동계급과 농민의 지도자로서 인민 앞에 나서야 한다.

그러므로 혁명적인 공산주의자들은 모든 힘을 합하여 다시금 통일된 조선공산당을 창설하여야 한다. 이것은 현재 첫째가는 가장 중요한 과업이다. 우리는 섹트적 운동을 극복하고 조직된 군중과 미조직 노동자와 연계하고 대중을 동원하여 그들을 전취하기 위한 투쟁을 전개하여야 한다. 일반 근로대중의 일상 이익을 대표할 만한 당면의 표어와 요구조건을 일반적 정치적 요구조건과 연결하여 내걸고서 대중적 집회시위 운동을 전개함으로써 대중을 동원하며, 특히 미조직 대중을 조직화하기에 노력하지 않으면 안 된다. 대개의 조선 공산주의자들은 근로대중, 특히 노동자와 농민대중에 접근하여 새로운 군중을 각성시키고 그들을 당과 당의 보조단체에로 끌어들이며, 민족 개량주의의 영향으로부터 일반대중을 우리의 편으로 전취하고 토지와 완전독립을 위한 투쟁에 전 인민을 동원하여야 한다.

대중운동을 전개할 것

(ㄱ) 노동자의 일상이익을 위한 투쟁을 이끌 노동운동을 전개해야 한다.
우리는 다음의 구호를 내건다.

- 쌀 배급량을 올리자.
- 일반 생활필수품에 대한 배급을 강화할 것.
- 모두에게 배급을 동일하게 할 것.
- 평화산업을 다시 열어 생활필수품의 생산을 확대하자.
- 최대 최저한도의 임금을 결정하고 남녀 임금을 균등하게 하며 노동시간을 단축하자.
- 공장에서는 노동자의 대우를 개선하는 모든 시설을 만들어라.
- 노동자의 사회보험법을 실시하자.
- 유년에게는 6시간 노동을 실시하라.

· 국가 부담에 의한 문화 교육기관을 설립하자.
· 국수주의적 반민주주의적 교화(敎化)제도를 철폐하라.

이런 구호들을 일반적 요구—완전 독립, 언론·집회의 자유, 공산당과 노동동맹의 합법적 사업, 8시간제 실시 등—와 결부시켜야 한다. 일본 제국주의 군대를 신속히 추방하고, 일본 총독정권을 조속히 해체해야 한다. 대중 집회와 시위를 통해 인민운동을 전개해야 한다.

(ㄴ) 농민운동을 전개할 것
· 노동계급은 농민과 동맹하여 투쟁하여야 한다. 농민 대중을 전취하기 위해서는 농민의 당면 요구를 내걸고 투쟁을 시작하여야 하며 그들의 요구를 일반적 구호와 연계시켜야 한다.
· 농촌에 토지가 없어 고통을 겪은 농민의 생활 개혁 요구를 내걸 것.
· 쌀 배급에 대한 확고한 기준(1,000~1,200그램)을 정할 것.
· 누구에게나 공평한 생활필수품에 대한 배급을 확립할 것.
· 농민의 교화기관을 국가 부담으로 실시할 것.
· 문맹 퇴치운동을 전개할 것.
· 지주의 토지를 몰수하여 농민에게 분배할 것.
· 조선의 완전 독립.

이 구호들을 일반적 요구와 결부하여 집회 시위 방식으로 대중운동을 전개해야 한다. 일본 제국주의자들에 의해 공장에서 내쫓긴 실업자들이 일자리에 복귀해야 한다. 공장주는 독단적으로 노동자들을 해고하여서는 안 된다. 이를 위하여 모든 실업자들은 투쟁하여야 한다. 실업자 운동은 전반적인 노동운동과 연계되어야 한다. 공산당은 노동청년과 농민청년을 조직하면서 공산청년운동을 전개하여야 한다. 공산청년운동 두리에 광범위한 청년대중을 결속시켜야 한다. 인민전선의 구호 밑에 소부르주아지도 운동에 견인해야 한다.

조직사업

노동자·농민의 대중 사이에서 모든 기본적 조직과 보조적 여러 단체를 조직할 것이다. 조직사업에 있어서 무엇보다도 먼저 당의 기초조직인 공장 '야체이크'를 확립할 것이 급선무이다. 이와 동시에 대중적 보조단체를 내세우고 대중을 투쟁적으로 동원할 줄 알아야 한다.

(ㄱ) 조직이 없는 공장과 도시 농촌에 있어서는 당의 기본조직을 새로 조직하기에 힘써야 한다.
(ㄴ) 이미 존재화한 것은 이를 대중화하여 확대 강화함으로써 전투적으로 대중투쟁을 능히 독립적으로 지도할 수 있는 볼셰비키적 조직으로 전환할 것.
(ㄷ) 공장 '야체이크'가 적어도 3, 4개 이상 있는 도시에서는 '야체이크'의 대표회의에서 당 도시위원회를 창설할 수 있다. 도시 및 지방 당조직 대표들은 전국 대표회의를 소집하고 여기에서 중앙위원회를 선출할 것이다.
(ㄹ) 보조적 대중단체를 조직할 것. 도시위원회, 노동조합, 공산청년동맹, 인민전선. 부인대표회. 혁명자후원회, 프롤레타리아문화동맹 등.
(ㅁ) 농촌조직, 농민위원회, 농촌노동자조합, 공산청년동맹, 소년대(피오니에르), 인민 전선.

아울러 옳은 정치노선을 위한 투쟁을 전개할 것이다. 옳은 정치노선을 내세우고 이것을 실천하려면 모든 옳지 못한 경향과 적극적 투쟁을 전개하여야 한다. 과거의 파벌들은 다시금 파벌주의를 부식하기 시작한다. 그들은 사회개량주의자가 아니면 우경적 기회주의자이니 이러한 단체와 그 경향을 반대할 것이다. 사회개량주의자의 영향 밑에 있는 군중을 우리 편으로 전취할 것이며 우경적 기회주의자에게는 자기비판을 전개시킬 것이다.

이와 동시에 극좌분자들과 투쟁하여야 하는 바 그들은 인민과 분리될 위험성을 조성하고 있다. 그들은 일체의 준비 없이 폭동을 일으키려고 하는 데까지 이르렀다. 이것은 옳지 못하다. 폭동을 일으키기 위하여서는 인민을 조직하며 옳은 전략을 세우고 그에 대해 인민들을 준비시켜야 한다.

우리는 우경적, 극좌적 경향을 극복 청산하고 모든 힘을 기본 노선 실현에 집중할 것이다. 우리의 투쟁 원칙은 이와 같은 것이다.

프롤레타리아의 헤게모니를 위한 투쟁

조선의 노동계급은 자기의 혁명적 전위요, 그 정당인 공산당을 가져야 하며 이 당의 옳은 지도 밑에서 대중을 동원하여 전취하여야 하고 여기에서도 프롤레타리아트의 영도권 확립이란 문제가 서게 된다. 이 문제는 노동계급이 조선 농민대중을 자기편으로 전취하고 못함에 따라서 결정되는 것이다. 노동자는 농민과 협동전선을 결성하여 조선의 독립과 토지혁명과 기타 모든 민주주의혁명의 과업을 완전히 실행할 수 있는 것이니, 농민은 노동계급의 혁명적 옳은 지도를 받아야만 자기 해방이 가능한 것이다. 그러므로 '노동자·농민의 민주주의적 독재'라는 전략적 표어가 실현됨에 있어서 또한 '프롤레타리아의 헤게모니의 확립'이라는 역시 중요한 문제가 먼저 해결되어야 한다. 노동계급의 영도권 문제는 농민의 전취 문제 및 민족개량주의자의 영향 밑에 있는 일반 인민대중과의 협동전선 결성 문제와 연관되어 있는 것이다.

인민정권을 위한 투쟁을 전국적으로 전개할 것

우리는 정권을 위한 투쟁을 전국적 범위로 전개하여야 하며 해방 후의 새 조선은 혁명적 민주주의 조선이 되어야 한다. 기본적 민주주의적 여러 가지 요구를 내

세우고 이것을 철저히 실천할 수 있는 인민정부를 수립하여야 한다. 그러므로 반민주주의적 경향을 가진 반동단체에 대해서는 단호하게 투쟁하여야 한다.

'정권을 인민대표회의로'라는 표어를 걸고 진보적 민주주의를 위한 투쟁을 할 것이다. 이에 대지주, 고리대금업자, 반동적 민족부르주아지와 싸우며, 특히 민족 및 사회개량주의자의 영향 밑에 있는 일반 인민대중을 우리 편으로 전취함에 있어서 그들의 개량주의적 본질을 구체적으로 비판하여 폭로할 것이다. 노동자는 농민대중은 물론 일반 인민대중을 자기편으로 전취하여야 한다.

'인민정부'에는 농민이 중심이 되고 또한 도시 소시민과 인테리겐챠가 참가하여야 한다. 이 조건에서만 이런 정부는 일반 근로인민의 이익을 대표하는 기관이 된다. 이것이 점차 노동자·농민의 민주주의적 독재정권으로 발전하여서 혁명의 높은 정도로의 발전을 보장하는 전제조건을 만드는 것이다.

—1945년 8월 20일 조선공산당 재건준비위원회*

---

* 8월 테제에 처음 나타난 '조선공산당 재건준비위원회'를 기반으로 실제 조선공산당이 1945년 9월 11일 재건되었다. 1925년 창립된 당이 20돌을 맞아 재건된 셈이다. 재건된 당 중앙위원회의 명단은 주목할 필요가 있다. 28명 가운데 특히 10위 안에 드는 중앙위원 서열이 그렇다. ① 박헌영, ② 김일성, ③ 이주하, ④ 박창빈, ⑤ 이승엽, ⑥ 강진, ⑦ 최용건, ⑧ 홍남표, ⑨ 김삼룡, ⑩ 이현상 순서다. 박헌영은 중앙위원으로 '총비서'라는 당의 제1인자였다. 김일성은 박헌영에 이어 서열 2위다. 1945년 9월 20일, 조선공산당 중앙위원회는 8월 테제를 토대로 '정치노선에 대한 결정, 현 정세와 우리의 임무'를 채택했다.

프롤로그

토지개혁 해방 후 가장 큰 사회적 이슈는 지주·소작관계를 청산하는 토지문제였다. 북한은 일찌감치 무상몰수·무상분배 원칙에 따라 토지개혁을 추진했다. 이에 반해 남한에서는 의견이 나뉘었다. 박헌영의 남조선노동당은 소작농에게 유리한 무상몰수·무상분배 원칙을, 김성수 등의 한국민주당은 지주에게 유리한 유상몰수·유상분배 원칙을 주장했다. 결국 남한의 토지문제 해결은 정부 수립 이후 농지개혁 법안에 의거하여 유상몰수·유상분배 원칙에 따라 이루어졌다.

조선공산당은 남한 민중과 북한 민중의 열렬한 지지를 받아 수십만 당원을 가진 최대 정당이 되었다.

한반도의 남쪽을 차지한 미국은 그와 같은 사실을 크게 우려하고 있었다.

끄응….

김두한 깡패 집단

죽여!!
죽여라!!

박헌영 동지, 개죽음 당하기 전에 피하셔야 합니다!!

정판사 위조지폐사건으로 음모와 모략에 휘말린 박헌영은 결국 미군정청의 체포령을 피하기 위해 활동을 중단하고 월북을 감행한다.

조선정판사 위조지폐사건 해방 후 미군정 하에서 조선공산당 불법화의 계기가 된 사건이다. 1946년 5월 15일 수도경찰청장 장택상은 조선공산당이 정판사에서 위조지폐를 찍은 혐의로 관련자를 체포했다고 발표했다. 공산당이 활동 자금을 마련하고 남한 경제를 교란하기 위해 위조지폐를 남발했다는 주장이었다. 그에 대해 조선공산당은 조작 사건이라며 혐의를 부인했다. 이 사건을 계기로 미군정 당국은 공산당에 대한 탄압을 강화했고, 그 결과 남한에서의 공산당 활동이 약화되기 시작했다.

1. 아지트

1950년 3월

서울

예지동과 장충동 사이 골목길 언저리에

쌀과 반찬거리를 파는 가게에는

열살 쯤 되어 보이는 소년이

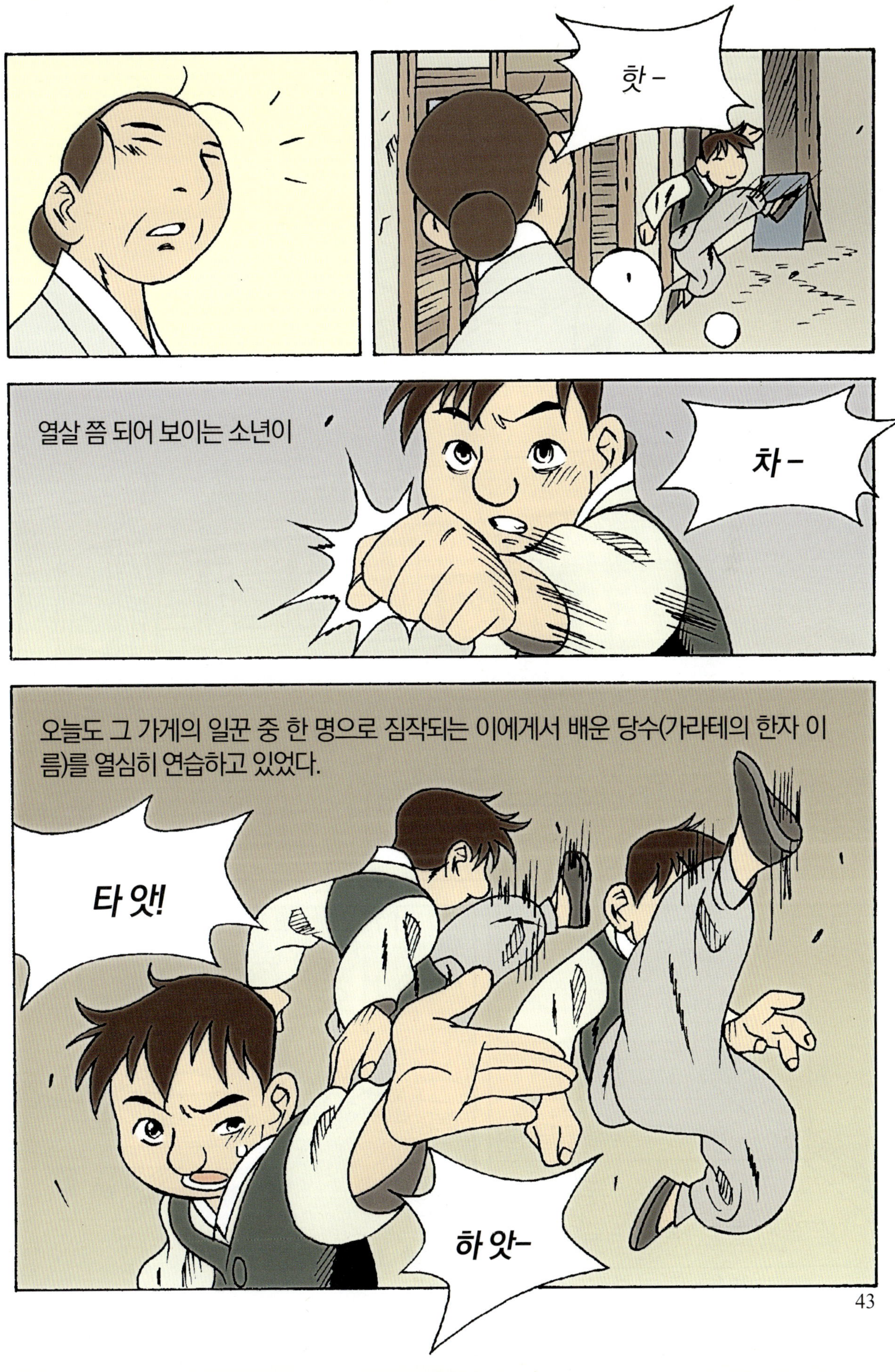

오늘도 그 가게의 일꾼 중 한 명으로 짐작되는 이에게서 배운 당수(가라테의 한자 이름)를 열심히 연습하고 있었다.

가게는 일본식 이층집이었다.

위층은 다다미가 깔린 방들이었고

아래층에서 쌀과 반찬들을 내다 팔고 있었다.

당시 남산초등학교 3학년이던 이 소년의 이름은 박병삼이었다.

소년의 아버지 이름은 박헌영

'조선의 레닌'으로 불리던 그는

우리 민족의 가장 치욕스러운 역사인 일제 강점기에

불굴의 의지로 독립운동을 이어간 항일 운동가였으며

대다수 자칭 '민족주의자'들이 일제의 앞잡이로 전락하고

많은 사회주의 운동가들이 전향서를 쓰고 일제에 협력하거나

운동에서 이탈해 생업에 종사하면서

1945년 8월 15일 일본의 천황이 항복했던 그 시점까지

압록강-두만강 아래 한반도에서 가장 강력한 항일세력의 지도자였다.

그러나 박헌영은 남과 북 모두에서 버림받았다.

남쪽에서는 반공 이데올로기 때문에

북에서는 미제의 간첩으로 처형됐기 때문에

어느 쪽에서도 반기지 않은 인물이 되었다.

박현영의 활동 궤적이 보여주듯이

박현영의 아들로 태어난 이 소년의 삶 또한 순탄했을 리 없었다.

전쟁의 와중에 초등학교를 다니다 말고 지리산을 비롯한 산사를 전전하며

모진 세월을 보냈으며,

박지영은 박헌영의 이복형이었다.

가게는 남로당 핵심 지도자였던 김삼룡이

일제 강점기에 일본인이 살던 집을 사들여 건네준 것이었다.

옆집에는 김삼룡이 이순금과 같이 살고 있었다.

해방 후 비밀리에 결혼한 두 사람 사이에는 세 살짜리 아들이 있었다.

김삼룡 집은 문을 통해 가게와 연결되어

밖에서 눈에 띄지 않게 손쉽게 드나들 수 있는 구조였다.

김삼룡의 집에는 김삼룡과 함께 남로당을 지도했던 이주하와

박지영의 가게에는 일꾼으로 보이는 한두 명이 상주하고 있으면서

이 남로당 아지트가 드러나지 않게 감시하고 보호하는 아지트키퍼 역할을 하고 있었다.

삼팔선 인근 황해도 해주에 남로당 연락사무소를 설치하고

박헌영은 해방 이듬해인 1946년 10월에 미군정의 체포령을 피해 월북하여

남쪽의 혁명활동을 지도하고 있었다.

서울의 남로당은 김삼룡이 총책을,

이주하가 군사부문, 정태식이 선전·기관지를 맡아서 지하에서 지도하고 있었다.

남로당과 해주 사이의 연락은 한산이 맡고 있었다.

그는 수시로 남북을 넘나들며

비밀리에 남로당의 상황을 그대로 담아서 박헌영에게 들려주고

북쪽의 상황과 박헌영의 지시상황을 김삼룡을 비롯한 남로당의 핵심지도자들에게 전했다.

연안파 중국 연안에서 항일무장투쟁을 하던 조선의용군 계열의 김두봉, 최창익, 무정 등의 정치집단으로 해방 후 중국공산당의 후원을 받으며 북한으로 들어왔다. 무장세력인 이들은 김일성의 빨치산파, 박헌영의 국내파, 허가이의 소련파 등과 함께 북조선 5도행정국과 창군 과정에 관여하며 적극적인 활동을 했으나 점차 빨치산파에게 밀리면서 숙청되었다.

남로당은 남조선노동당의 약칭으로 1946년 11월 23일에 결성된 정당이었다.

미군정과 우익의 탄압이 갈수록 심해지던 상황에서

사회주의 계열 정당들이 힘을 합쳐야 한다는 결의로

중국 연안에서 무장투쟁을 해온 연안파들이 주도한 신민당과

중도좌파인 여운형의 인민당

그리고 박헌영이 이끌고 있던 조선공산당의 3당이 합당한 형식이었다.

그즈음 남로당은 엄혹한 시절을 보내고 있었다.

남로당의 모든 투쟁은 죽음을 감수해야 했다.

미군정 시기의 남로당 투쟁이 미군정 아래 새로운 국가의 틀을 만들어나가기 위한 것으로

일정한 체제 내 정치투쟁에 속했다면

남한에 단독정부가 수립된 이후에는

여순반란사건 1948년 10월 19일 제주 4.3사건을 진압하기 위해 여수에 있던 14연대에 제주도로 출항하라는 육군본부의 명령이 하달되자, 남로당 소속의 지창수를 중심으로 "동족상잔의 제주도 출동을 반대하자"며 반란을 일으켰다. 여수를 점령한 이들은 순천의 병력과 합류하여 전남 동부지역을 장악했다. 진압군과 반란군의 전투 과정에서 많은 인명피해가 발생했으며 진압 이후 가담자들에 대한 처벌이 계속되자 지리산으로 입산한 반란군은 빨치산으로 활동했다.

이러한 남로당에 수많은 인명피해와 함께 활동 전반에 큰 타격을 준 사건이 터지게 된다.

여순반란사건이었다.

누구도 예기치 못한 이 사건이 터진 것은 1948년 8월 15일 남한의 단독정부가 수립되고 2개월 후였다.

1948년 10월 19일 밤이었다.

당시 전남 여수시내에서 서쪽으로 십리쯤 떨어진 신월동 바닷가에 주둔하고 있던 국방경비대 14연대는

봉기 직전인 1948년 3월에는 연행자 세 명이 고문으로 죽임을 당하는 사건이 일어나면서

주민의 분노는 극에 달했다.

이에 제주도당 간부 김달삼 등은 300여 명의 남녀 당원을 규합해

이날 새벽 낫과 괭이 등을 들고 도내 6개 경찰 지서를 공격했다.

이들은 수십 명의 경찰을 살상하고 무기를 탈취해 일시적으로 주요 마을을 점령했고

이에 다수의 국방경비대원을 포함한 2천여 명이 반군에 가담했다.

여기에 10월 15일 육군총사령부로부터 14연대를 제주도로 보내 반란군을 진압하라는 명령이 내려왔다.

공교롭게도 이 명령서는 비밀 군 통신망을 이용하지 않고 누구나 볼 수 있는 우체국 전보로 도착하는 바람에

제주도 파병 소식은 일반 병사들에게도 금방 퍼져버렸다.

제주도에 파병되어 진압군에 소속된다면 동지를 죽이는 것이오.

반군에 가담하면 자신들도 한라산에 고립되어 죽음을 면할 수 없을 것이었다.

파병 날짜는 10월 19일 밤이었다.

이에 연대 선임하사 지장수 등 14연대 내의 남로당 전남도당 당원들은 비상회의를 소집해

파병을 거부하고 영내 반란을 일으키기로 결정했다.

10월 19일 밤 지창수의 선동으로 봉기한 14연대 사병 2,500여 명은

우리는 동족 살상의 제주도 출동을 결사 반대합니다!!

우리는 조선의 아들입니다. 우리가 어찌 조국 해방을 위해 영용한 싸움을 펼치는 우리 동지들의 심장에 총을 겨눌 것입니까?

신식 무기인 M1 소총으로 무장한 채 병영을 나와 여수를 점령하고

순천·광양 등 전라도 일대로 병력을 분산했다.

즉시 파견된 진압군과 치열한 전투를 벌이던 반란군은

남한 군경의 대대적인 반격에 기세가 꺾여 불과 며칠 만에 지리산에 숨어 들어갔으나

수일간 반군은 남원, 광양, 보성, 벌교, 고흥 등 전남과 경남의 여러 군소 도시들을 휩쓸고 다니며

인민위원회를 조직하여 우익들을 살해했다.

반군이 들이닥치면 남로당원들이나 지역 주민이 합세해 관공서를 파괴하고

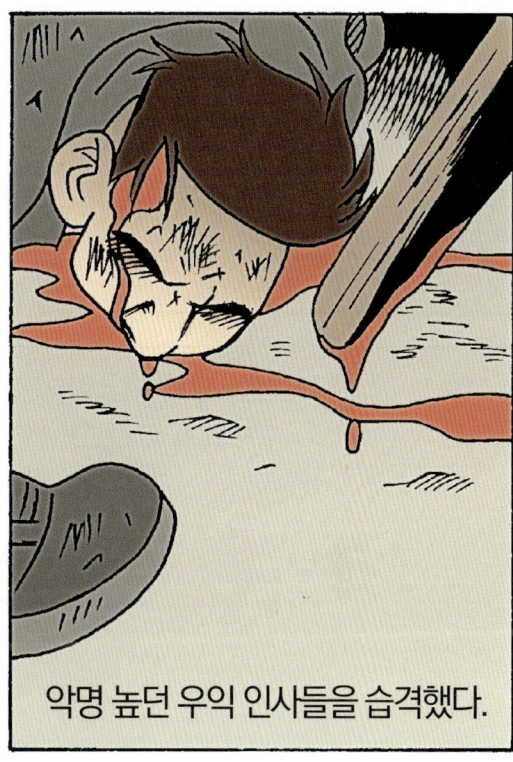
악명 높던 우익 인사들을 습격했다.

그 짧은 사이 경찰관과 우익 인사, 지방유지 등 1천여 명이 사살되었다.

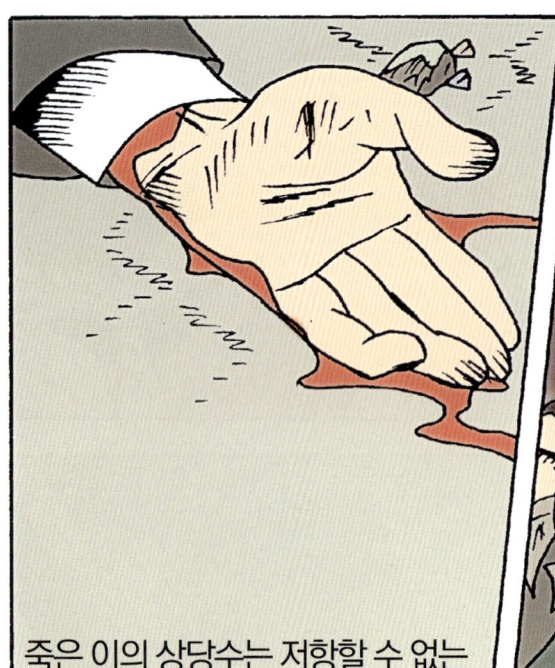

죽은 이의 상당수는 저항할 수 없는 비무장 상태였다.

이런 반란군의 민간인 학살은 해방 후 수년간 계속되어온 우익의 폭력에 대한 증오와 원한이 사무친 결과였다.

근본적으로 친일파와 우익들이 새로운 침략자 미국에 빌붙어 또다시 민족을 팔아먹으려 한다는 인식 때문이었다.

민족 반역자를 처단한다는 자부심이 무참한 학살을 가능하게 한 것이다.

월북해 있던 박헌영을 비롯한 비선으로 남아있던 남로당원들은 여순반란을 처음부터 비판적으로 보았다.

이현상의 경우 나중에 산속에서 여순사건에 대한 토론이 벌어질 때마다

이 사건을 민중봉기가 아니라 반란이라고 명명했다.

그는 이 사건을 당의 지시도 없이 일으킨 크나큰 과오라고 보았다.

지리산 이현상 부대는 남한 각지에 흩어진 야산대를 지도할 임무를 부여받았다.

이현상 부대는 덕유산과 지리산 일대를 돌아다니며 현황을 점검하고

곧바로 반군을 찾아나섰다.

10월 23일 저녁 무렵 순천역에 도착한 이현상은

남녀노소를 가리지 말고 반역자의 가족까지 처형하라는 전근대적인 명령이었다.

미군의 지원을 받은 국군 10개 대대

전체 국군의 절반에 이르는 4만여 병력이 반란 지역에 투입되었다.

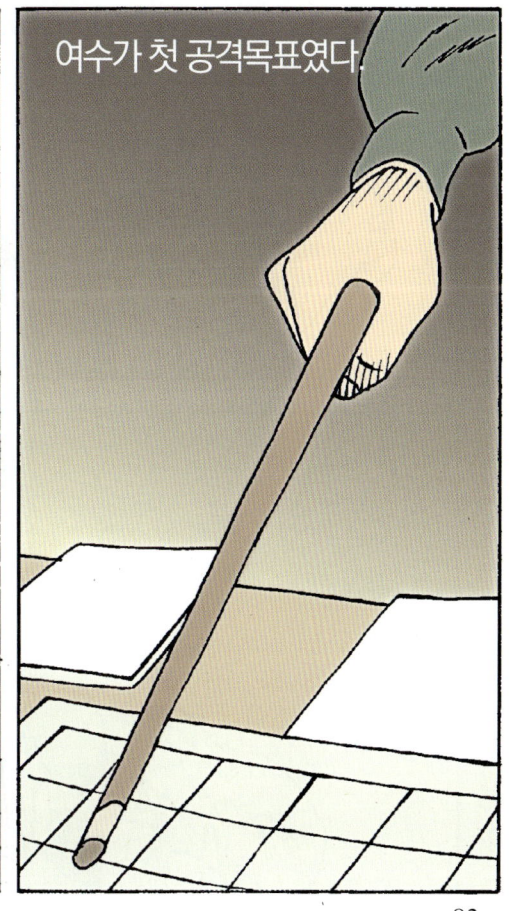

여수가 첫 공격목표였다.

서국민학교, 종산국민학교, 공설운동장 등 다섯 군데의 집결지로 이동시켰다.

뒤늦게 발각되는 사람은 도피자로 간주하여

그 자리에서 사살되었다.

끌려간 주민은 사방에 설치된 중기관총이 총구를 겨누고 있는 운동장에 앉혀졌다.

반란 가담 여부를 심사하기 위함이었다.

심사는 간단했다.

생존 경찰관과 우익단체 간부, 진압군 병사들로 구성된 5~6명의 심사위원들이

늦가을 추위에 떨며 차가운 흙바닥에 앉은 시민 사이를 훑고 다니다가

반란에 가담한 사람이라 판단되면 '저 사람'이라고 손가락질을 했다.

손가락총에 맞은 사람은 바로 끌려나와 총 개머리판이나 몽둥이로 뼈가 부서지도록 구타당한 뒤

운동장 한편에 파놓은 구덩이 앞에서 사살되어

불태워졌다.

만주에서 일본군에 복무할 때 잔혹한 방법으로 조선인 무장독립군과 주민을 학살했던

일본군 출신 대대장 김종원은 수천 명이 보는 앞에서 단칼에 목을 잘라버기리를 즐기기도 했다.

심사는 한 번으로 끝나지 않았다.

심사위원들이 5개 수용소를 번갈아 돌며 반란 가담자를 찾아냈기 때문이다.

비슷한 유형의 학살이 계속되었다.

일본군 장교 출신들로 이뤄진 국군 지휘부는 만주지역 독립군을 토벌할 때 써먹던 '3광 작전'이라는 이름의 초토화 작전으로 훈련된 자들이었다.

그들은 지리산으로 들어간 반군을 쫓아다니며

3광이란 살광(殺光, 모조리 죽이고), 소광(燒光, 모조리 태우고), 창광(搶光, 모조리 빼앗아라)의 세 가지 지시사항을 의미한다. 일본군이 중일전쟁에서 저지른 대량학살과 초토화 작전을 뜻하는 3광은 일본군의 전범 자술서에 등장하면서 알려졌다.

초토화 작전은 제주도에도 적용되었다.

반란군을 진압한다는 명목으로 그들이 근거지로 삼고있던 한라산 중산간지대의 모든 마을을 불태우고

주민을 학살했다.

마을마다 적게는 수십 명에서 많게는 수백 명까지 집단으로 끌려나와

학살되고 불태워져 사망자 숫자가 최소 2만 5천 명이 넘었다.

한라산 전역이 거대한 연기와 시체 타는 냄새로 뒤덮였다.

그중 30퍼센트 이상이 10세 이하의 어린이나 60세 이상의 노인들이었다.

여순 군사 반란은 진압군에 의해 순천만 등지로 내몰린 반군과 반군에 가담한 양민의 수많은 피죽음으로 붉게 물들고 진압된다.

한편, 이현상의 지도에 따라 지리산으로 이동한 반군을 쫓던 진압군은

이현상이 지휘하는 유격대의 완강한 저항에 추적을 멈춘다.

이 일로 지리산의 이현상의 존재가 서서히 알려지기 시작했다.

유격대가 있다고?

이현상이 유격대를 지도하고 있다던데?

이현상의 지리산행은 처음부터 계획된 일은 아니었다.

이현상이 월북한 것은 제주항쟁이 터지기 직전인 1947년 8월 하순이었다.

단독선거 반대투쟁이 삼일절을 고비로 잠시 소강상태에 접어들었을 시기였다.

김삼룡, 이주하와 함께 전국의 지구당과 공장을 누비며 항쟁을 주도하다가

4월 14일 평양에서 열기로 한 남북연석회의에 남로당 대표로 참가하기 위해

월북 대열에 합류한 것이다.

1948년 4월 19일부터 6일간

모란봉 극장

평양에서 '남북 조선 정당 및 사회단체 대표자 연석회의'라는 긴 명칭으로 열린 이 대회는

남한의 총선과 단독정부 수립에 반대하는 정당과 사회단체 43개의 대표 600여 명이 참가했다.

이현상은 남로당 간부부장 자격으로 참가했다.

본래 이 대회는 지난 2월 김구와 김규식이

김일성과 김두봉에게 4김 회담을 제안한 데서 비롯되었다.

소련군정은 이를 받아들이되 형식을 4명의 회의가 아니라

남북한의 모든 정당과 단체를 망라하는 연석회의로 하자고 수정안을 제의해 합의되었다.

남한 측 대표들과 신문기자들은 이 대회에 커다란 희망을 걸고 있었다.

미·소·영 3상회의에서 결의한 내용을 골자로 한 연석회의에서는 미·소 양군 동시 철수, 내전 반대, 임시정부 수립, 단독선거 반대 등의 내용을 담은 공동성명서를 채택했다.

그러나 이 선언은 미국에 의해 주도되는 남한의 정세에는 전혀 영향을 주지 못했다.

단독정부 수립을 위한 일정은 거센 반발에도 불구하고

차질 없이 진행되고 있었다.

오히려 회의에 참석하고 돌아온 인사들은 '살인·방화 교사 예비죄' 등의 명목으로 체포하고

암살해버리게 된다.

이현상은 연석회의가 끝난 후에도 북한에 남았다.

러시아어를 배우기 위해 강동정치학원에 들어갔다.

당시 소련군정 하의 평양에서는 "소련에서 공부하고 와야 고위직에 등용될 수 있다"는 말이 상식으로 여겨졌다.

이 때문에 북로당 선전부장 김창만과 간부부장 이상조 같은 노른자위 당 간부 등도

소련 유학을 위해 강동정치학원에서 러시아어를 배우고 있었다.

이현상이 강동정치학원에서 뒤늦게 러시아어를 배우는 동안

남한의 정세는 사실상 내란으로 치닫고 있었다.

남한만의 단독정부 수립을 위한 제헌의원 선거가 5월 10일로 공고되면서

폭력시위의 강도는 점점 높아져 전국적인 폭동 양상을 띠어갔다.

13개군 전역이 소요상태가 되었다.

쳐들어가자!

경찰지서를 습격해 빼앗은 카빈총, 일본제 구구소총, 공기총, 권총 등으로 무장한 수십 명의 시위대는

또 다른 경찰지서와 투표소들을 습격해 총격전을 벌였다.

이 무렵 이미 남로당은 불법화되어 지방의 당조직들은 모두 비합법 체계로 전환되어 있었다.

단독정부 수립을 앞둔 남한의 남로당 제거 작업은 거의 인종 청소에 가까웠다.

다 죽여! -

1948년 5월 10일의 국회의원 총선을 앞두고 경찰과 우익 청년단들은 무자비한 폭력테러로 남로당의 조직들을 파괴해나갔다.

야산대도 도당 사령부, 지구별 사령부, 군·면당 야산대의 3단계로 편제했다.

야산대에 대한 전투지휘는 일본군이나 국군 준비대에서 군사 경험을 가진 청년당원들이 맡았다.

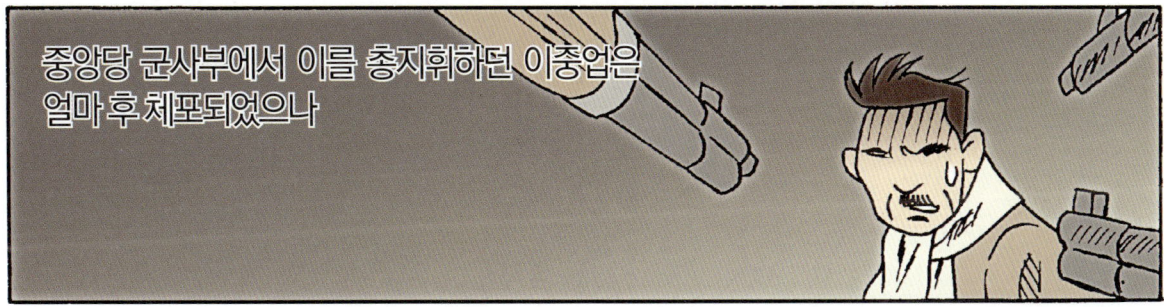

중앙당 군사부에서 이를 총지휘하던 이중업은 얼마 후 체포되었으나

기적적으로 형무소를 탈출해 월북하고

이주하가 책임을 인수했다.

이런 상황에서 1947년 12월 소련군정 사령부는

남한에서는 좌익이 불법화되어 혁명간부를 양성하기 어렵기 때문에

북쪽 지역에 혁명간부를 양성할 학교를 세울 필요가 있다고 판단하고

소련공산당의 승인을 얻어

남로당 간부 훈련소를 세우기로 결정한다.

이에 소련군정의 지시를 받은 북로당 정치위원회는

평양 인근 평안남도 강동군 승호면 인근에 '강동정치학원'이라는 훈련소를 설립하고

소련에서 들어온 고려인 2세 박병률을 원장에 임명한다.

이러한 배경에서 태어난 강동 정치학원은 1948년 1월 1일 개원하여

한국전쟁이 발발하는 1950년 6월 25일까지 2년 7개월 동안 존속하며

무장유격대 지도급원을 양성해 남한에 파견했다.

학교는 3개월의 단기반과 1년의 장기반으로 나누어졌는데

학생수는 적을 때는 500명에서 많을 때는 1,200명이나 되었다.

강동정치학원에서 배출된 유격대원 중 30퍼센트는 여성으로

남성들처럼 산악 유격대로 들어가거나

아니면 도시에 숨어들어 남로당과의 연락을 맡았다.

대개 맨몸으로 월북한 이들은

남로당원들에게 강동정치학원은 여관 역할까지 했다.

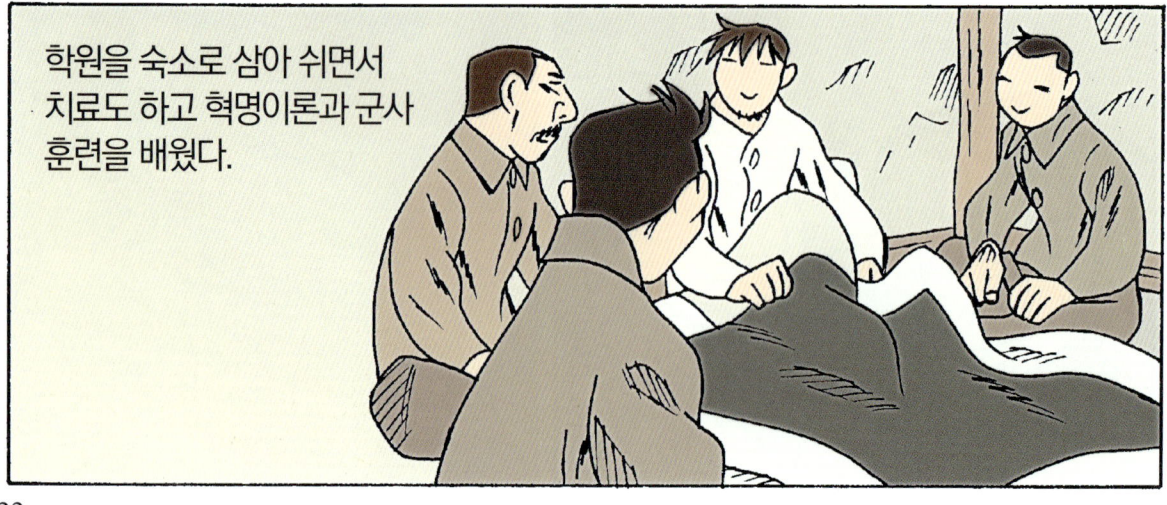
학원을 숙소로 삼아 쉬면서 치료도 하고 혁명이론과 군사 훈련을 배웠다.

강동정치학원은 '박헌영 학교'라 불릴 정도로 박헌영의 관심 아래 있었다.

사실상 실권자인 정치 담당 부원장 박치우야말로 박헌영의 사람이었다.

박헌영은 비서인 조두원, 얼마 후 북한 정부의 사법상이 되는 이승엽 등과 함께

거의 일주일에 한 번꼴로 이곳을 방문했다.

대개 토요일에 방문해 하룻밤 자면서 남쪽에서 올라온 이들과 두루 만나 이야기를 나누었다.

학원장 박병률은 박헌영과 인간적으로 친근한 관계가 되어

평양에 가게 되면 남산에 있는 박헌영의 집에서 묵을 정도가 되었다.

박헌영의 비서 조두원의 처제이기도 한 윤옥도 월북해 이곳에서 훈련받고 있었는데

얼마 후 박헌영과 결혼하게 된다.

이런 정황 때문에 사람들은 박헌영이 강동 정치학원을 세운 것으로 생각했으나

그에게는 이만한 시설을 운영할 권한은 물론

군대를 양성할 법적 자격이 없었다.

명백히 소련군정의 지시에 의해 북로당이 만든 시설이었다.

강동정치학원에서 단기훈련을 받고 소총 한 자루씩 들고 남쪽으로 내려가

이름 모를 산중에서 죽어간 이들의 대부분은

일제 강점기 최고 학부를 나온 당대의 지식인들이었다.

이후에 계속 올라오는 남한 출신들을 위해 자리를 만드는 데도 한도가 있었다.

기본적으로 자유주의적 성향을 가진 지식인이 대다수인 남한 출신들을

관료에 앉히는 것도 마땅치는 않았을 것이다.

단독정부 반대투쟁이 격화된 후로 쫓겨 올라온 월북자만도 1만 명으로 추산되었다.

중상위 직급의 적체 현상은 심각한 문제가 되지 않을 수 없었다.

전투력이 부족한 지식인들을 무장시켜 남파함으로써 떼죽음을 시킨 것은

통일전쟁이라는 명분 뒤에 또 다른 의도가 있지 않았는지 의심 받을 만했다.

설사 고의가 아니었을지라도 결과는 마찬가지였다.

이런 와중에 애초에 모스크바 유학을 위해 강동정치학원에서 뒤늦게 러시아어를 배우던 이현상이

모스크바 유학의 길을 포기하고 다시 죽음의 땅 남한으로 돌아가야만 했던 사건이 발생하게 된다.

사건의 시작은 나란히 러시아어를 배우고 있던 남북 노동당 간부들의 조촐한 술자리에서 벌어진

사소한 말다툼이었으나

결과는 일파만파로 번져나가

서울까지 소식이 파다하게 퍼질 정도였다.

한치 앞을 내다볼 수 없는 격랑의 시기였다.

2. 체포

이현상은 모스크바 군사 유학을 떠나려는 남북노동당의 동기생들과

조촐한 회식 자리를 갖기 위해 평양의 한 음식점을 찾게 된다.

어서 오시오 이 동지!

「모스크바 군사 유학을 위하여 –」

「위하여 –」

「건배 –!」

모두들 모스크바 유학을 떠나기 앞서 벅찬 포부와 감격에 겨워

흥분된 표정들이었다.

「하하하」

「하하…」

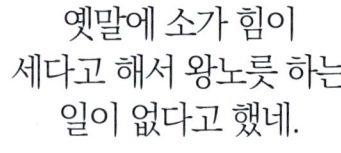

해주의 남로당 연락사무소에 머물고 있던 박헌영에게도 이 소식이 전해졌다.

박헌영은 이 소식을 듣는 즉시

해주에서 평양으로 향했다.

김일성과 만나 일이 커지기 전에 서둘러 봉합하기 위함이었다.

북로당 부위원장을 맡고 있던 소련 교포 허가이에게 진상을 조사한 후 엄벌하라는 명령을 내렸다.

허가이의 직책은 북로당 부위원장이었지만 소련군정의 대변자로서 김일성도 어려워하던 존재였는데,

8월부터 남북의 노동당이 하나가 되어 연합지도부를 구성했기 때문에 당의 운영에 관한 한 누구보다 막강한 영향력을 가지고 있었다.

그는 사건 당사자들의 소련 유학을 취소하고

김창만은 내각 간부학교 교장으로, 김상조는 군대로 발령을 낸 한편

이현상에게는 즉시 남쪽으로 돌아가라고 명령했다.

소련군정 정치사령관 레베데프는 1948년 7월 31일자로

이현상, 김상조, 김창만, 유축운, 고찬보, 김광식의 유학 취소를 승인했다.

이렇게 하여 이현상은 남쪽으로 내려오게 되고 지리산에 이현상 부대가 형성된 것이다.

한편, 남한의 단독정부가 수립된 이후

쓱-

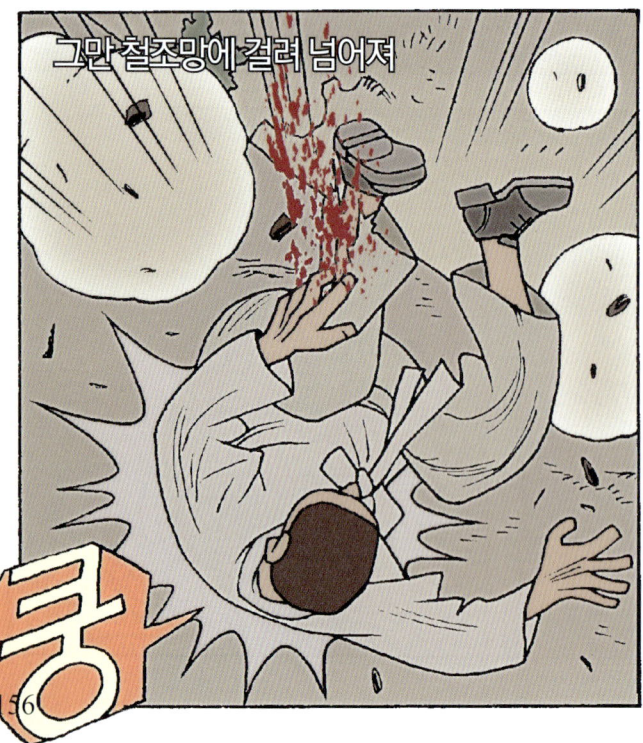

하룻밤 새 300명이나 경찰서에 끌려가 조사를 받았다.

심한 상처를 입은 채 쓰레기통에서 버티던 김삼룡은

다음날 새벽에 몰래 빠져나오려다가

윽!

출근하는 경찰관에게 목격되고 말았다.

남로당 아지트가 드러나지 않게 박지영의 가게 일꾼으로 가장해 아지트를 감시하고 보호하던 이들은 모두 도망쳤으나

아이를 안고 있던 이순금과 아지트에 있던 청년 당원들은 체포되었다.

한밤중 난리통에 가게에 함께 있던 병삼은

어찌할 바를 몰라 쌀가마니 뒤에 숨어서 숨 죽이며 무서움에 벌벌 떨고 있었다.

이주하는 혹시나 병삼이 남아 있지 않을까 하여 찾아온 것이다.

이주하는 어린 박병삼을 앞세워 중부경찰서로 향했다.

열 살짜리 박병삼을 앞장세운 것은 어린애라 경찰서 안에 들어가기 쉬운 점을 이용해 김삼룡이 어느 부서에 잡혀 있는지 확인하기 위함이었다.

이주하와 정태식은 김삼룡의 체포여부를 확인한 후 만일 체포되었다면 무력으로 구출하려는 작전을 세우고 있었다.

기본적으로는 서울의 당원들을 동원하되

안 되면 대구 팔공산에 있던 경북도당 위원장 배철의 유격대를 서울로 끌어올려

경찰서를 습격하겠다는 다분히 비현실적인 계획이었다.

산중생활로 거지꼴에 가까운 빨치산들을 수백 킬로미터 떨어진 서울까지 올라오게 하는 것은 거의 불가능한 일이었다.

설사 무사히 올라온다 해도 소수병력으로 경찰서를 기습해 김삼룡을 구출한다는 것은 말도 되지 않았다.

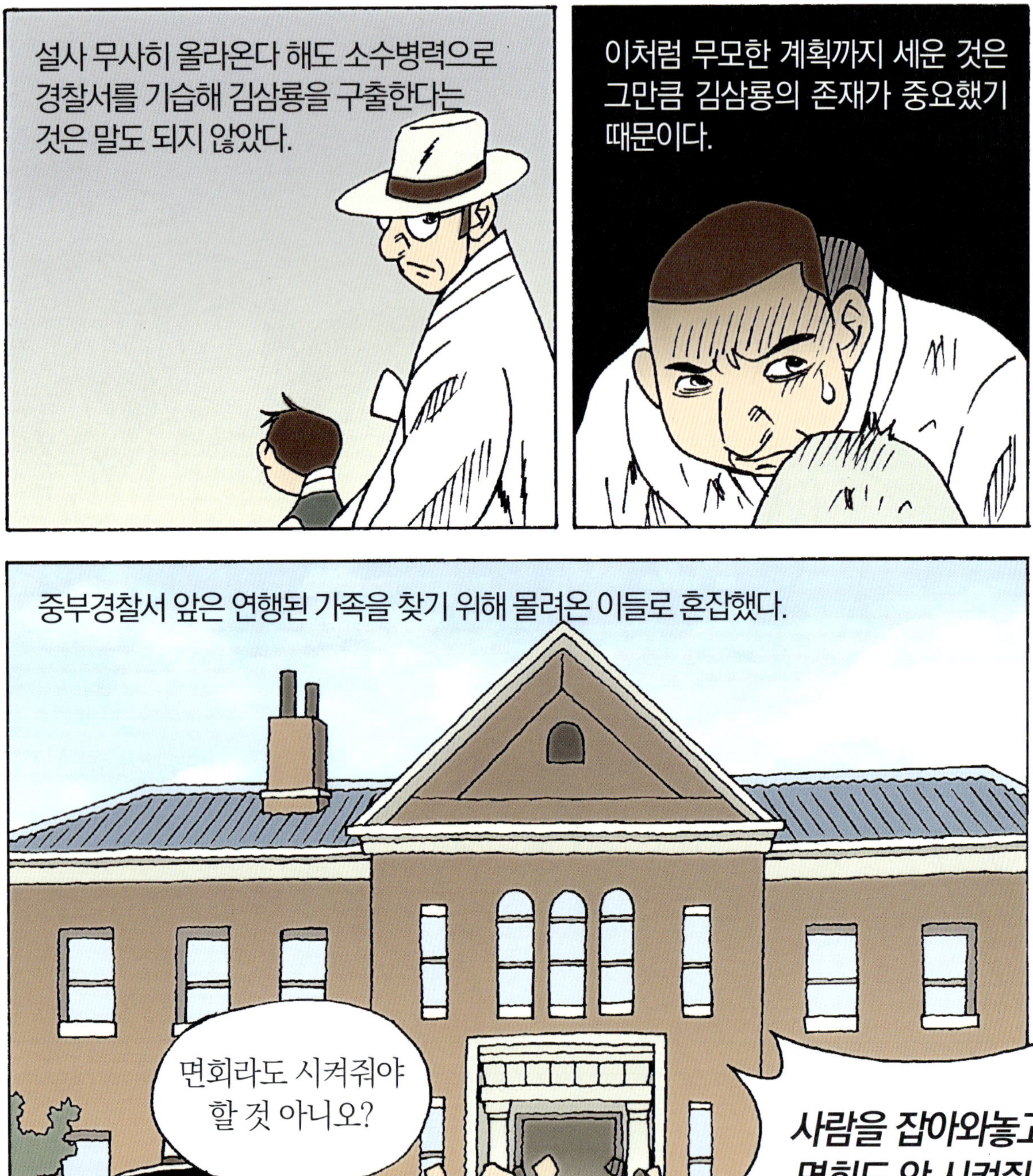

이처럼 무모한 계획까지 세운 것은 그만큼 김삼룡의 존재가 중요했기 때문이다.

중부경찰서 앞은 연행된 가족을 찾기 위해 몰려온 이들로 혼잡했다.

면회라도 시켜줘야 할 것 아니오?

사람을 잡아와놓고 면회도 안 시켜줘?

김삼룡은 나무로 된 긴 의자에 한쪽 가랑이에 검붉은 피가 말라 붙어 있고 수갑이 채워진 채 앉아 있었다.

아저씨……

김삼룡은 무서운 눈빛으로 병삼을 노려보았다.

아는 척하지 말라는 의미였다.

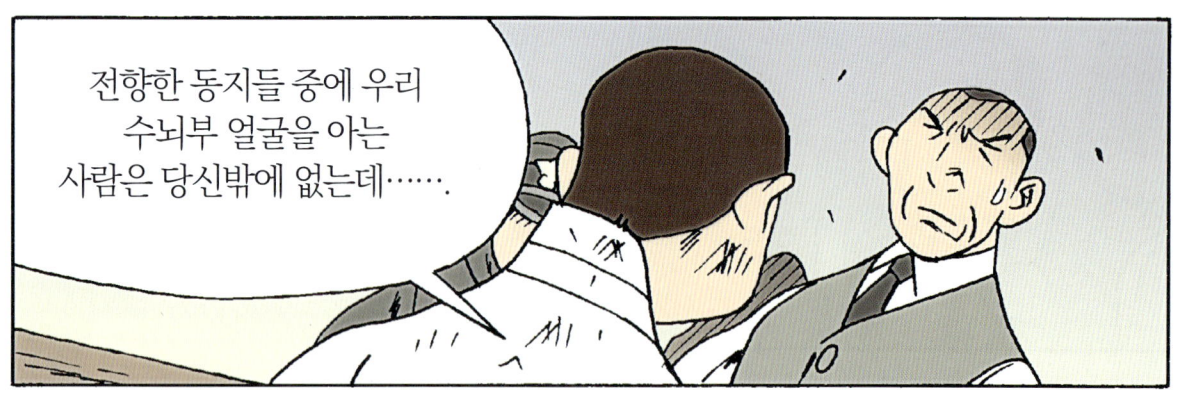

아저씨들….

병삼은 울면서 거리를 헤매다가 아무래도 누군가 올 것 같아 가게로 향했다.

두 사람이 체포된 지 일주일 만에 붙잡히고 말았다.

최고 핵심 세 명이 잇따라 체포되면서

남한의 노동당 조직은 돌이킬 수 없이 와해되어

전라도와 경상도의 도당 지도부와 이를 호위한 약간의 유격대원들이 산중에 은거해 있는 정도의 조직만이 남게 되었다.

병삼은 다시 빈 집에 홀로 남겨졌다.

열 살 소년에겐 외롭고도 무서운 시간이었다.

돌봐줄 이들이 잇따라 체포되면서 살 길 또한 막막했다.

남로당과 박헌영 사이를 연락하기 위해 북쪽에 갔다 왔더니 아지트는 박살나고

뭐…?

김삼룡과 이주하마저 체포된 것이었다.

… 이, 이럴 수가…….

한산은 서둘러 병삼의 손을 잡고 아지트를 빠져나와

여동생 소산이 운영하던 요정 대원각으로 향했다.

서오릉은 현재 경기도 고양시 용두동에 있는 조선 왕실의 다섯 왕릉군을 말하는데,

당시 서오릉 근처에 한산의 어머니 조봉희가 살고 있었다.

병삼은 그곳에서 비로소 안정을 취할 수 있었다.

한산은 지리산으로 떠나면서 어딘가에 들러 두어 개의 짐보따리를 챙겨들고 온 청년 당원으로 보이는 이와 함께

묘령의 여인을 데리고 나왔다.

짐보따리에는 노다지가 들어 있었는데 한산이 북쪽으로 올라가 박헌영을 만난 후 내려올 때 가지고 나온 남로당의 자금으로

당시 남북이 화폐가 달라 남쪽에서 즉시 현금화할 수 있게 노다지 형태로 가지고 온 것이다.

같이 합류하게 된 여인은 전옥숙이라는 여인으로, 당시 한산과는 연인 사이였던 것으로 추정된다.

국내 첫 여성 영화 제작자로 한국 사교계의 여왕봉으로 불리던 전옥숙은

이화여대 국문학과 출신으로 한때 사회주의운동에 몸 담기도 했으며, 1960년 「주간영화」 발행인으로 나서 영화계에 입문한 후 영화 제작자로 출판계, 영화계, 방송계 등에 걸친 광범위한 활동으로 '대중문화계 전설'로 불리는 인물이었다.

한산이 병삼을 데리고 이들과 함께 다다른 곳은

당신 안양에 있던 김성곤의 방직공장이었다.

한산은 북에서 가져온 노다지 9관 (34kg)가량을 김성곤에게 맡기고

전옥숙에게는 곧바로 월북할 것을 권유하고는

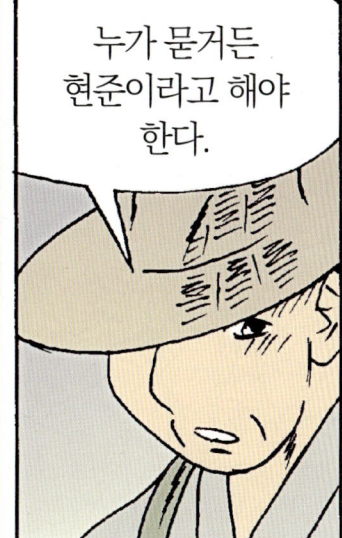

한산이 병삼을 데리고 찾아간 곳은 화엄사였다.

병삼은 그곳 화엄사에서 머리를 깎았다.

한산은 병삼을 화엄사에 두고 어디론가 사라졌다.

지리산 중턱까지 오르자

몇몇 산사람들이 눈에 띄기 시작했다.

거기에 옛날 서울에서 봤던 아저씨도 있었다.

이현상이었다.

한산은 병삼을 데리고 이현상 부대를 찾아온 것이다.

한국전쟁이 터지기 한 달 남겨둔 시점이었다.

당시 유격대원들이 즐겨 부르던 노래는 「부용산」이라는 노래였다.

부용산 오릿길에 잔디만 푸르러 푸르러 솔밭 사이 사잇길로 회오리 바람 타고 간다는 말 한마디 없이 너도 가고 마는구나~

피어나지 못한 채 병든 장미는 시들어지고 부용산 언덕 위에 하늘만이 푸르러 푸르러~

「부용산」은 1947년 박기동이 노랫말을 짓고 안성현이 곡을 쓴 노래였다.

당시 벌교에 살던 박기동의 여동생은 의식이 있던 사람으로,

목포 항도여중에서 국어교사로 재직하던 박기동 또한 여동생의 영향으로 의식있는 교사로 활동하고 있었는데

여동생이 1947년 스물넷의 나이에 폐결핵으로 안타깝게 세상을 떠나게 되었다.

박기동은 보성군 벌교읍 서쪽에 있는 부용산이라는 나지막한 산에 누이동생을 묻고 돌아오면서

슬프고 쓸쓸한 심경을 담아 시를 짓게 되는데

당시 동료 음악교사였던 안성현이 이 시에 곡을 붙여 노래로 완성한것이다.

얼마 있지 않아 1947년 이 두 사람은 해직을 당하게 되는데, 한국 최초의 해직 교사였던 셈이다.

이때 안성현이 지리산에 들어오게 되고

「부용산」이라는 노래가 지리산에서 불리기 시작했다.

처음에는 서로의 입을 통해 이사람 저사람에게 건너가는 형식으로 불리던 이 노래는 나중에는 감옥에 있던 사람들까지 부르게 되었다.

그러다가 1950년 6월 25일

한국전쟁이 발발하게 된다.

북한군은 파죽지세로 동두천, 포천, 의정부를 차례로 점령하고는

불과 사흘 만인 28일 서울 시내로 진입했다.

와 - 해방이닷!

만세! 만세!

이제야 다시 돌아갈 수 있겠습니다.

전 병삼이와 함께 과천으로 올라 가겠습니다.

우리도 병력을 이끌고 서울로 갈 테니 곧 다시 만납시다.

이현상 부대와 헤어진 한산은 병삼을 데리고 김천을 거쳐 황간으로 향했다.

다시 과천으로 가는 거예요? 진짜?

그럼 아저씨들이랑 아줌마들도 다시 만나는 거예요?

그래, 선생님도 만날 수 있을 게다.

전쟁이 일어나면 가장 많은 고통을 받고 가장 많은 희생을 치르는 사람들은 누구일까?

전장의 한복판에 서 있는 군인들일 것이라 생각되지만 그렇지 않았다.

바로 이름 없는 수많은 민간인이었다.

굶주림, 파괴, 학살…

어쩌면 전쟁과 더불어 당연히 따라오는 순리인지도 몰랐다.

병삼은 한산과 함께 이현상 부대와 헤어져 과천으로 올라오는 동안 자연스럽게 전쟁의 참상들을 목격할 수밖에 없었다.

황간 노근리

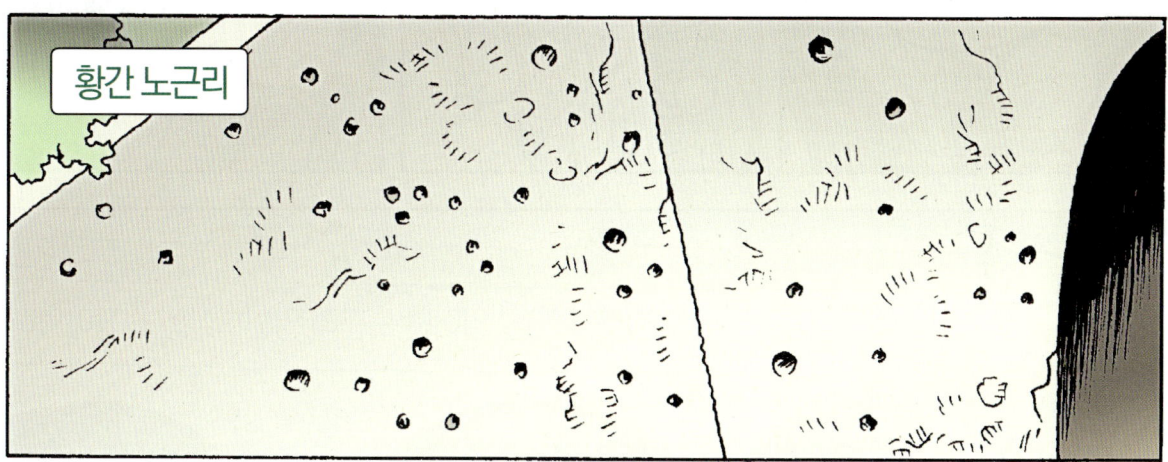

1950년 7월 26일 일어난 노근리 양민학살의 현장이었다.

애초에 대전에서 옥천, 영동, 황간으로 가는 1번 국도를 타고 퇴각하려고 했는데,

도중에 길을 잘못 들어 금산 쪽으로 가는 바람에 무주 설천면에서 덕유산 유격대부대에 생포당하고 말았다.

미군은 그 보복으로 피난 가지 않고 있던 양민을 빨치산과 연관이 있다고 간주하고는

주변 영동읍 임계리와 주곡리 마을에 들이닥쳐

게익

주민 500여 명을 후방에 있는 안전한 곳으로 피난시켜주겠다며

충북 영동 노근리 굴다리가 있는 철로 위에 몰아 놓고

돌연 무스탕 전투기로 기총소사해 학살해버렸다.

미군에 의해 저질러진 이 집단학살사건으로 영동군청에 신고된 사망자는 177명, 부상 51명, 행방불명은 20명이나 되었다.

충북 영동군 용산면

스… 스님…….

1950년 한국전쟁이 발발하면서 보도연맹원들이 전국에서 조직적으로 학살되는 보도연맹사건이 발생한다.

보도연맹은 1949년 6월 사회주의운동을 하다가 전향 한 사람들을 별도로 관리하기 위해 조직한 단체였다.

일제 강점기 친일 전향 단체인 대화숙을 본떠 만든 것으로

1950년 초 연맹원 수는 약 30만 명이나 되었는데, 지나친 가입 독려와 공무원들의 실적주의 때문에 전향자들은 물론 농민들이 대다수 가입되어 있었다.

당시 연맹원 중에는 공산주의자가 아닌 평범한 민간인이 포함되어 있어

한국전쟁 중 벌어진 최초의 대량 민간인 학살로 알려지게 된 사건이었다.

과천

정태식

병삼아!

아저씨!

병삼이 과천에서 안정을 취하는 동안 전쟁의 양상이 조금씩 바뀌기 시작한다.

지금까지 군사고문단을 통해 지원해온 미군이 이제 공식적으로 한국군을 지휘할 수 있게 된 것이다.

전쟁 발발 17일 만인 7월 12일, 한국군의 작전지휘권은 미군에 양도되었다.

인민군은 영덕과 낙동강을 잇는 전선까지 진군했지만

대규모 부대를 인천에 상륙시켜 인민군의 허리를 끊어버렸다.

전의를 잃은 인민군은 폭격이 미치지 않는 험준한 산악로를 따라 힘겨운 후퇴를 시작했다.

3. 빨치산

폭격 맞은 집들과

타다 만 나무들,

생명줄 같은 짐들을 싸들고 어디론가 떠나는 피난민들,

한산은 병삼을 관음암에 홀로 남겨두고
이현상 부대의 행적을 찾아 떠났다.

홀로 남겨진 병삼이 할 수있는 일이란

그저 한산이 빨리 돌아오길 바라며 기다리는 것뿐이었다.

열 살의 나이 어린 병삼에게 외롭고 무서운 밤들이 계속되었다.

그렇게 해놓으면 청솔가지가 다 탈 때까지 연기가 한없이 나왔다.

그러면 어김없이 누군가 나타났다.

덜컹

아직 스님은 안 돌아오셨니?

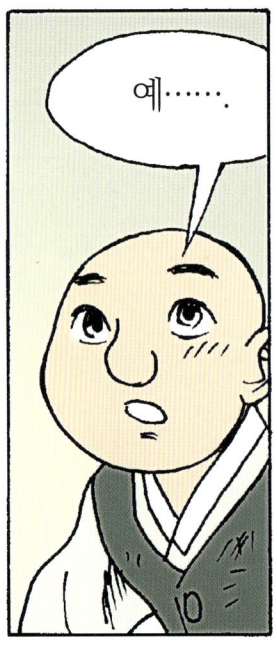
예…….

여기 간장, 된장, 소금하고 보리쌀 좀 가져왔단다.

혼자서 해 먹을 수 있겠지?

스님…….

소백산 어디쯤으로 내려 갔다는데, 가서 찾아봐야 할 거 같구나.

일단 단양 소백산 자락에 가면 머물 만한 암자가 있으니 거기로 가자꾸나.

이렇게 해서 도착한 곳이

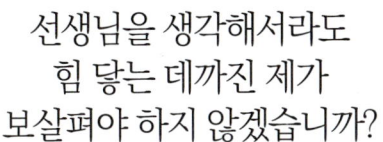

구인사를 떠난 한산이 병삼과 함께 다다른 곳은

담양 가막골이었다.

가는 곳마다 비어 있는 절이 많았다.

여기에서도 병삼을 남겨두고 어디론가 떠나 버리긴 마찬가지였다.

그곳에서 혼자 생활하노라면 어김없이 누군가 나타나 필요한 것들만 전해주고 가곤 했다.

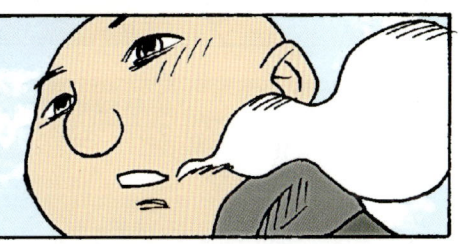

시간이 지날수록

밥도 곧잘 하게 되었다.

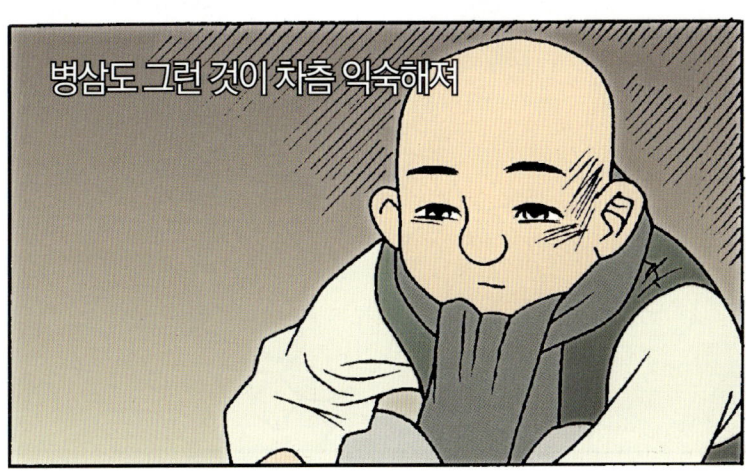

병삼도 그런 것이 차츰 익숙해져

그리고...

한 달여가 지난 뒤에 나타난 한산은

병삼과 함께 무주 구천동을 거쳐

남덕유 원통사로 향했다.

한산이 이현상 부대와 합류하기 위해 처음 동해로 향한 것으로 알 수 있듯이

삼팔선 인근 양양에 도착했다.

이현상은 부대를 이끌고 1950년 10월 하순

그러고는 며칠 쉰 다음 바다를 등지고 내륙 방향으로 이동했다.

평양으로 가기 위함이었다.

이미 평양도 미군의 융단폭격으로

수만 명 이상이 몰살되고 모든 건물이 잿더미로 변했으며

북한 지도부도 압록강까지 밀려갔다는 사실을 알 리 없었다.

다른 소식도 있었는데 중공군의 참전이었다.

중국공산당이 오랜 내전 끝에 중국을 통일한 것은 여순반란이 일어난 직후

바로 이현상이 순천역에 도착한 1948년 10월 23일이었다.

미군의 전폭적인 지원을 받아 공산당과 싸우던 장개석의 국민당 군대 10만 명이 이날 장춘에서 항복함으로써 내전이 종식된 것이다.

항복한 국민당 부대는 미군이 지원한 군복과 무기로 무장하고 있었다.

미국을 주적으로 삼고 있던 중국공산당은 한국전쟁을 기회로 미군이 또다시 만주까지 폭격하자 마침내 참전을 결정했다.

아직 정확한 정보는 아니었고 북한에 대한 미군의 폭격은 계속되고 있었지만

일단 중공군이 참전한다면 대세는 역전되리라 여겨졌다.

이현상과 대원들은 머지않아 남으로 돌아갈 수 있다는 희망을 품고

일단 인민군이나 중공군과 합류하기 위해 발길을 서둘렀다.

그러나 도중에 선두 대열이 강원도 세포군 후평리에 들어설 무렵

이승엽 동지가 오십니다.

?!

이현상은 이승엽과 재회하게 된다.

이 동지!

이승엽은 1925년 조선공산당에 입당하여 해방 후 남로당 중앙위원, 경기도당 위원장, 「해방신문」 주필 등을 지내다가

1948년 박헌영의 지시로 월북한 인물이었다.

전쟁 중 서울시 인민위원장이었으나 서울 함락으로 해소되었지만

남조선 해방지구 군사전권위원으로서의 권한은 유지하고 있었다.

그의 임무는 남한에서 올라오는 이들을 조직해 다시 내려보내는 일이었다.

그날도 10여 명의 수행원들과 함께 나온 길에 지리산 유격대가 피난민을 이끌고 올라왔다는 소식을 듣고

이현상을 만나기 위해 황망히 달려 온 것이다.

이날 밤 이현상과 주요 참모들이 모인 자리에서

이들 전체를 '남부군'으로 통칭하여 이현상에게 총사령관을 맡기겠다는 제안이었다.

이현상과 참모들은 흔쾌히 이승엽의 제안에 찬성했다.

아직도 남한의 산악지대 곳곳에는 퇴로가 차단된 인민군 패잔병들이나

기존의 도당 유격대원들이 오도 가도 못하고 고립되어 있었다.

최대 2만 명으로 추산되는 이들을 유격대로 조직해 팔로군의 공격에 맞춰 후방을 교란하는 일이라면 마다할 이유가 없었다.

이승엽은 이현상에게 남한지역 6개 도당 위원장 회의를 소집해 도당 산하 유격대들을 남부군에 통합하는 임무를 부여했다.

이것은 군사전권위원이자 조선인민유격대 총사령관인 이승엽의 결정이었다.

이승엽은 이 일을 위해 이현상을 보좌할 인물로 여운철을 지명했다.

팔로군 중일전쟁 당시 항일전쟁에 나선 중국공산당의 독립적 성향을 가진 부대로, 국민당과의 국공합작을 이루고 중국 국민혁명군의 제8로군이 편성되었다. 게릴라전을 펼치며 중국공산당의 발전에 크게 기여했다.

오랫동안 여운철은 보성전문을 나온 후 이현상과 함께 경성콤그룹에서 활동했던 후배로 해방후에는 남로당 충남 총책을 맡기도 한 열성 운동가였다.

이승엽은 여운철에게 조선노동당 충청, 전라, 경상도의 6개 도탱에 대한 지도권을 위임했다.

이현상 부대는 어렵사리 벗어났던 남한땅을 향해 발길을 돌리게 되었다.

이렇게 하여

경성콤그룹 박헌영이 중심이 되어 일제강점기인 1939~1941년 사이에 만들어진 조선공산당 재건운동조직. 코민테른에서 파견된 권영태가 경성지방에서 노동운동을 하면서 사용한 경성공산주의자그룹의 이름을 계승했다. 해방 후 조선공산당을 재건하는 결정적 기반이 되었다.

남부군 이현상이 지휘한 조선인민유격대 남부군단.

강원도 철원 분지의 이른 겨울 추위가 벌써부터 뺨과 손을 아리게 하는 1950년 11월 15일 아침

860여 명의 남부군 대원들은 남쪽을 향해 출발했다.

그리고 1월 중순 소백산 일대로 들어간 이현상은

이후 속리산, 민주지산을 걸쳐 1951년 6월 중순

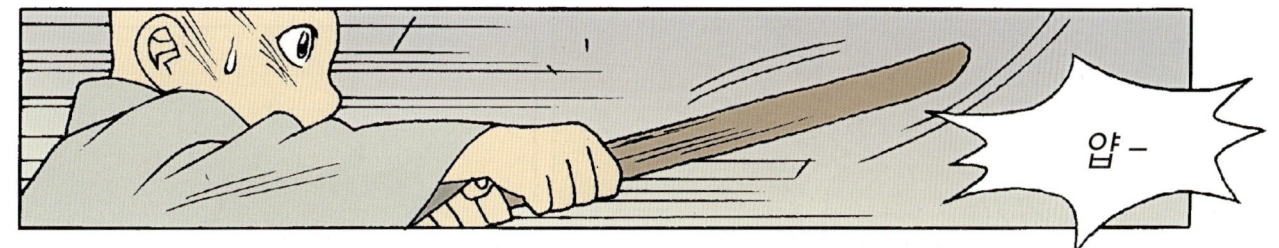

원통사에 머무르면서 한산에게
검술뿐 아니라

일본도로 진검 쓰는 것 등을 배우며 생활하고 있었다.

하-아

한산은 무술에 상당히 능했다.

그렇게 원통사에서
지내고 있던 어느 날

지리산으로 들어가게 된다.

휘이이잉

그렇게 지리산에 들어간 병삼은 3년 가까이 눈과 비와 바람을 이불 삼아 생활하게 된다.

병삼은 항상 한산, 이현상과 함께 지냈는데

4~5명씩 한 조가 되어 잠잘 때도 마찬가지였다.

남부군 내부의 갈등도 만만치 않았다.

병삼이 있는 동안 이현상 암살 사건이 두 번이나 일어났다.

한번은 부대에서 수류탄이 터지기도 했다.

이현상을 죽이기 위해 북쪽에서 사람을 보냈다는 후문이었다.

암살사건이 이어지자 비밀리에 대책 마련을 위한 회의가 열렸다.

회의에서는 마침 부대 내에 이현상하고 똑같이 생긴 사람이 있으니 이를 이용하자는 의견이 나와

지리산에서의 생활은 이루 말할 수 없는 고난의 연속이었다.

악-

토벌군의 공격에 쫓기고

매복이닷!

모두 피해!

혹독한 추위와 굶주림의 고통을 견디며

눈속에 밤낮없이 숨어 있거나

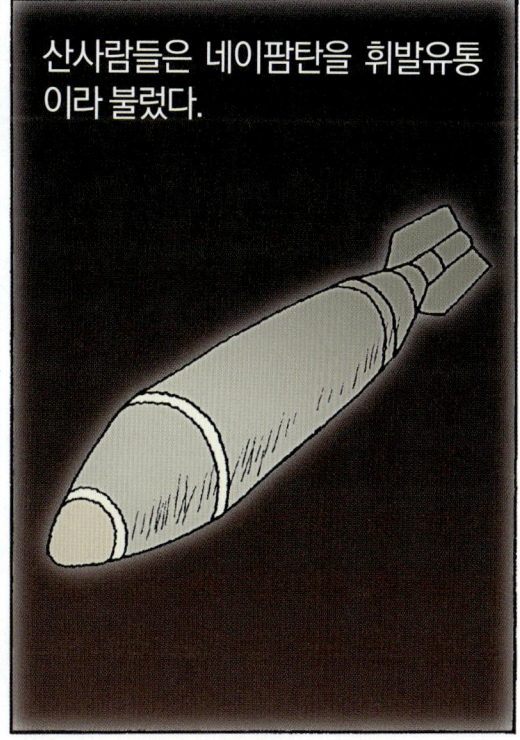

때론 네이팜탄에 사지가 찢겨 나가고 화염에 질식해

한꺼번에 여럿이 죽어나가는 날도 있었다.

한 달간 산속을 헤매기도 했다.

찾았다.

본대에서 보내는 신호야.

스님!

아저씨!

스님!

그래, 한 달간이나 고생이 많았다.

고생 많았다. 용케도 잘 찾아왔구나.

휘이이잉

오히려 남한 측이 빨치산을 귀찮게 생각해 데려가라고 제안해도 일절 응대하지 않았다.

대신 빨치산들에게 하산해 도시로 들어가 지하활동을 계속하라는 무전지시만 보내왔다.

빨치산들은 하나같이 거지꼴이어서 하산이 어려운 데다 경찰이 잔존 대원들의 신상을 파악하고 있어

무사히 산을 벗어난다 해도 갈 곳이 없었다.

김일성이 그가 이끄는 집단의 전쟁 책임을 피하고자 남한 출신 당원들을 대대적으로 숙청하기 시작했던 것이다.

… 그렇다고 하더라도 다른 방법이 없습니다.

만약 내가 간다면 그자들은 기어코 날 죽이려 할 것이오.

됐소!

나와 동지들은 이미 생사의 갈림길에서 벗어난 사람들이니 더 이상 무의미한 소리 하지 마시오!

다만….

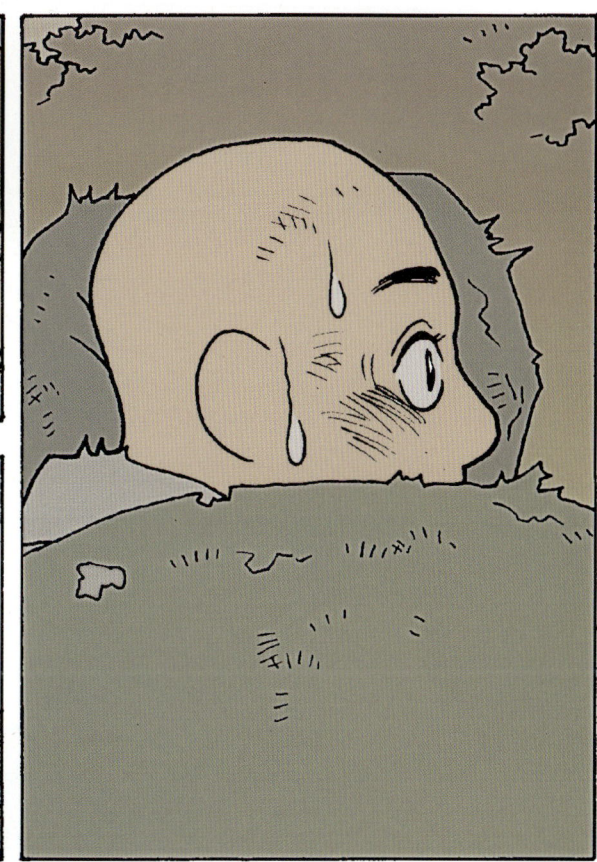

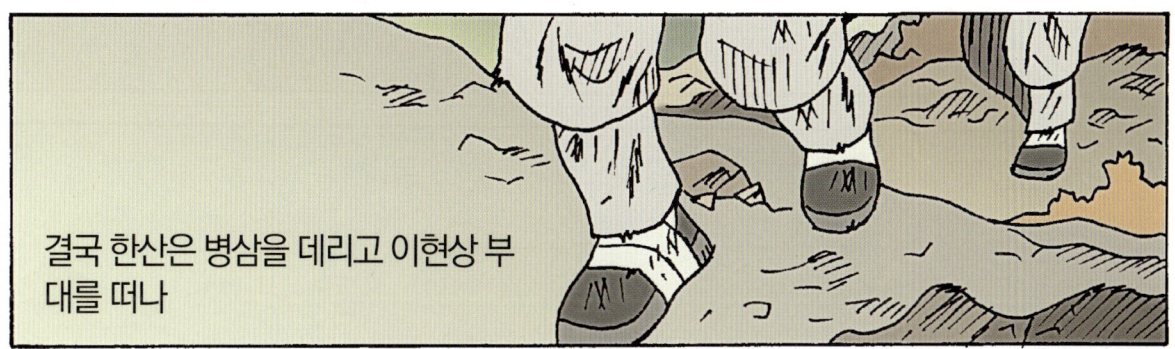

결국 한산은 병삼을 데리고 이현상 부대를 떠나

토벌대의 눈을 피해 지리산을 내려오게 된다.

이후 병삼에게 지리산은 늘 가슴 시린 곳으로 자리하게 된다.

4. 아버지 박헌영

광양

한쏜이 병삼을 데리고 지리산을 내려와 향한 곳은 광양이었다.

거리 곳곳에는 토벌군이 진을 치고 있었고

간간히 토벌군을 싣고 어디론가 떠나는 차량들이 흙먼지를 일으키며 거리를 빠져나가고 있었다.

한산은 병삼을 용평 개마고개까지 데려다주었다.

병삼은 보따리를 짊어지고 혼자서 동곡 학사대로 해서 백운산에 올랐다.

그러나

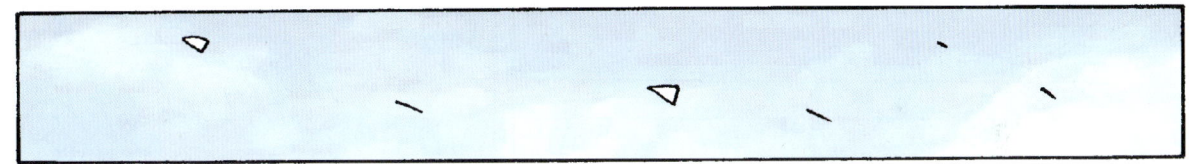

… 산 아저씨들은 어떻게 됐을까요?

……

글쎄다……

1953년 7월 27일 미국과 북한 사이의 휴전협정이 체결된 후 북한에서는

평당원으로 강등된 이현상은

미제 간첩 이승엽의 지령에 따라 남부군을 결성하고 정규 군식 부대 운영으로 대원들을 소모했으며,

당 간부로서 모범을 보이지 않고 하수복과 연애했다는 등의 비판을 받아야 했다.

그리고

경찰은 그의 시신을 발견했을 뿐임에도 자기들이 사살했다고 상부에 보고했으며

국군은 뒤늦게 나서서 자기들이 전날 저녁인 17일 밤 8시에 사살했다고 했지만

서로가 상대의 말이 거짓임을 입증해주었을 뿐

실제로 누가 그를 죽였는지는 명확히 밝혀지지 않았다.

훗날 박헌영의 비서를 지내기도 했던 박갑동은 북에서 이현상을 암살했다고 주장하며 그 근거로 휴전 뒤 평양에서 만난 빨치산의 증언을 들기도 했다.

이현상의 죽음으로 한산은 가족뿐 아니라 동지들까지 모두 잃었다.

한산의 여동생이자 박헌영의 비선 자금책으로 활약하며 요정 대원각을 운영하던 김소산은

1949년 김소산 간첩사건이 터지면서 체포되는데

'자야'는 중국 고대로부터 노래를 잘하고 사랑스러운 여인을 일러온 이름이었다.

김소산은 체포되어 감옥에 들어갈 때

새끼기생이던 자야에게 자신이 나올 때까지 장사는 하지 말고 책임지고 관리만 하며 지키고 있으라 했는데

1950년 전쟁이 일어났다.

복잡한 전쟁의 와중에 서울이 수복되고 나서 자야는 당시 국회 부의장이던 이재학의 애첩이 되고

전쟁이 끝난 1955년 이재학과 결탁해 이재학이 보증을 서서 대원각을 매입한 것으로 처리하고는

대원각 등기를 자기 앞으로 바꿔 버린다.

이후 자야는 정치인들이 즐겨찾는 요정 대원각을 운영하며 천억 원대의 재산가가 된다.

한산이 부처님 품을 찾아 도착한 곳은 김천에 있는 청암사였다.

한산은 청암사에서 병삼에게 밤낮을 가리지 않고 불경과 무술을 연마시키며 4년 가까이 보내게 된다.

불경공부하는 틈틈이

그렇게 4년 가까이 청암사에서 생활하고 난 뒤

한산을 따라 산천경개를 벗삼아 구경도 하고

탁발도 다니면서

여러 절집을 떠돌았다.

한산은 병삼을 데리고 예산으로 갔다.

충청남도 예산군 봉수산에는 대련사라는 절이 있었는데, 백제 의자왕 때 창건된 절로

절에서 1.5킬로미터 거리에는 백제 흑치상지가 백제 부흥군을 이끌면서

신라와 당나라 연합군의 공격을 물리치며 구국운동을 했던 임존산성이 남아 있었다.

산밑에 내려오면 대흥면이 있었다.

대흥면에 있는 대흥초등학교는 박헌영이 1회 졸업생이었다.

병삼이 그곳 대련사에서 지내던 어느 날이었다.

1958년 12월 15일

외출하고 돌아온 한산의 얼굴에는 침통함이 가득 배어 있었다.

스님…?

그러고는

사과, 배, 그리고 도라지와 고사리 등을 조금씩 볶아서

제사상을 차리기 시작했다.

제사상 위패에는 '박헌영 영가' 라고 쓰여 있었다.

박헌영 제사였던 것이다.

"스님 이건…"

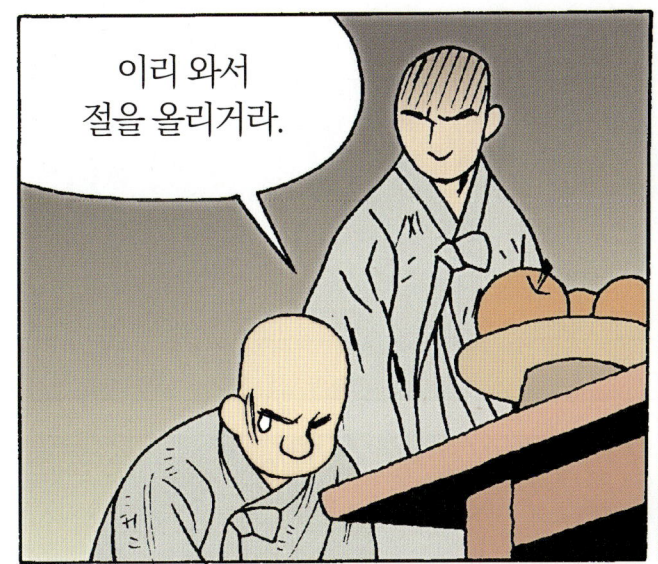

아버지 박헌영에 대한 기억은 별로 없었지만

월북하기 전에 몇 번 찾아가 안겼을 때 따뜻했던 그 가슴만은 생생했다.

흐흑…….

그렇게 제사를 지낸 한산은

병삼을 데리고 허물어진 임존산성에 올랐다.

해방 후에는 통일된 새로운 국가건설을 위해 싸우신 분이었다.

마치 밤하늘에 떠 있는 북극성 같은 분이셨다.

모든 별이 움직이고 바뀔 때도 절대 움직이지 않고 방향을 잡아주는 북극성처럼

선생님은 정치와 사회적 혼란 속에서도 끝까지 지조를 지키셨던 분이었다.

우리가 그토록 바라던 해방이 왔지만……

선생님께서 말씀하셨듯 해방은 아닌 밤중에 찰시루떡 받듯이 찾아왔지…….

5. 재건

1945년 8월 15일

마침내 해방이 찾아왔다.

그러나 이날 해방된 줄도 모르고 지낸 조선인이 더 많았다.

15일 오전 서울 시내에는 "금일 정오 중대 방송 1억 국민 필청"이라는 벽보가 붙었지만

그것을 유심히 본 사람은 많지 않았다.

37만 5천 명의 일본군이 조선에 주둔해 있었기 때문이다.

섣불리 행동하다가는 신경이 곤두선 왜놈들에게 무슨 봉변을 당할지 모를 일이었다.

서울에서 해방은 8월 16일 오전 10시 여운형의 요구에 따라

끼익-

서대문형무소를 위시해 서울 시내의 각 경찰서 유치장에서 정치범들이 석방되면서부터 실감 나기 시작했다.

서대문형무소

와아-

만세!

굳게 닫혔던 감옥문이 열리고 갇혀 있던 항일운동가들이 트럭이나 인력거를 타고 거리로 몰려나오면서

해방이다!

만세!

시내 중심가는 삽시간에 환성과 환호의 도가니로 변했다.

해방이다!

일본이 항복했다.

만세—

흥분한 사람들은 만세를 부르며 대로로 뛰어나가 서로 얼싸안고 붙잡고 흔들어댔다.

입에서는 만세와 환호성이 터져 나오는데 눈은 모두 붉게 충혈되어 얼굴이 금세 눈물 범벅이 되었다.

1910년 한일강제병합부터 1945년 해방까지 통상 36년이라 말하지만

정확히 날짜를 계산하면 34년 11개월 만에 이루어진 해방이었다.

그러나 실질적으로는 1905년부터 지배를 당했기 때문에

만 40년 만에 찾아온 독립이라 해도 무방했다.

애국가를 부른 지도 너무나 오래 되었다.

가사를 제대로 기억하지 못하는 사람들이 제각기 다른 애국가를 부르며 거리를 행진했다.

어제까지도 일본 순사들이 의자를 내놓고 앉아 공연히 지나가는 조선인을 노려보던 대부분의 파출소는

군중의 돌팔매를 맞아 박살났다.

악질적인 순사들이 눈에 띄었다가는 곧바로 죽음을 면치 못했다.

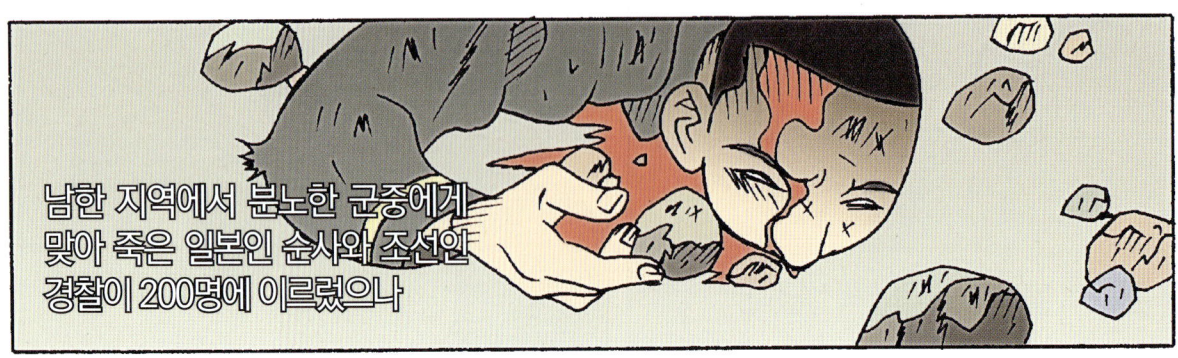

36년간 형언할 수 없는 가혹한 탄압과 전쟁으로 300여 만 명으로 추정되는 조선인을 죽음으로 몰아넣은 것에 대한 복수로는 너무나 온순한 반응이었다.

와- 잘 탄다.

신사를 불태워 버리니 속이 다 시원하다.

왜놈 등쌀에 신사 참배한 걸 생각하면 이가 갈린다.

조선총독부와 조선군사령부를 비롯한 일제통치기관에서는 조선인에게 만행을 저지른 각종 문서를 소각하느라

검은 연기가 하늘 높이 치솟았따.

이때의 문서 소각으로 이후 강제 동원과 일본군 성노예 등의 연구에 많은 어려움이 따랐다.

전날까지도 거들먹거리며 돌아다니던 일본인은 서둘러 귀국하려고 항구로 모여들어 북새통을 이뤘으며

주요 도시에 마련된 난민수용소에 갇혀 귀국할 날만 기다리는 신세가 되었다.

조선인 중에는 이런 날이 오리라고 확신한 사람은 극히 적었다.

세계 정세에 비교적 밝은 사회주의 운동가들이 미국의 참전으로 일본이 궁지에 몰리고 있음을 감지하고

언젠가 패망하리라 이야기하는 정도였다.

그러나 꿈에 그리던 해방이 찾아왔음에도 해방을 모두 기뻐한 것은 아니었다.

일본의 영원무궁을 믿고 영미 박멸을 외치며 동포를 전쟁의 희생물로 내몰았던 친일 지식인, 변절한 민족주의자들에게는 경악스런 충격이었다.

일제 강점기 초부터 일본과 동화를 주장했던 대표적인 소설가 이광수는

조선인이 진정한 황국 신민이 되기 위해 황실 중심 사상과 그와 관련된 생활방식을 배움으로써 일상생활, 언어, 풍속까지 일본식으로 고쳐야 한다.

평소와 다름없이 한가하게 집 앞 개울가에 산책 나갔다가 마을 사람에게서 해방 소식을 듣고

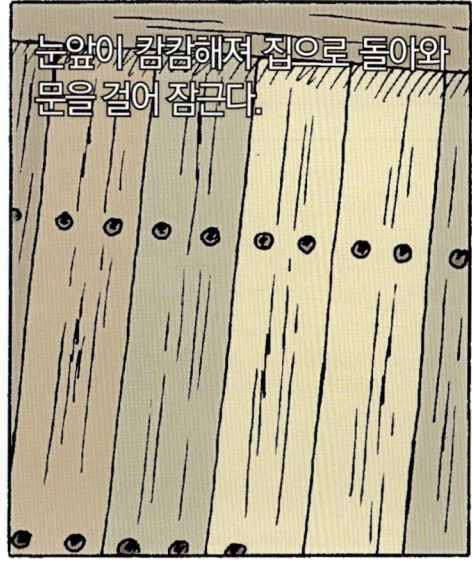

눈앞이 캄캄해져 집으로 돌아와 문을 걸어 잠근다.

수십 년간 지켜온 대동아 제국의 신념에 돌이킬 수 없는 충격을 받은 이광수는 대문뿐 아니라 심신의 문도 걸어 잠그고 다시는 대외활동을 하지 않는다.

이광수와 함께 친일을 넘어 스스로 일본군의 앞잡이가 되어 징병을 선동하던 시인 서정주는 아시아 전역이 일본군에 점령되고 있다는 허위보도들을 모두 사실로 믿고 있었노라 고백하기도 한다.

이들은 머지 않아 친일파들이 나라의 주인이 되고 자신들도 문단의 원로로 대접받게 되리라고는 예상하지 못했을 것이다.

적어도 이날만큼은……

김활란, 모윤숙, 최린 등 일제를 위해 양심을 바친 수많은 지식인들도 마찬가지였다.

해방 직후 국내에서 가장 활발한 활동을 벌인 조직은 좌익 계열의 여운형이 결성한 건국준비위원회였다.

여운형은 해방 1년 전인 1944년 8월 일본의 패망을 예견하고 민족주의, 공산주의, 중도파들을 막론해 건국동맹을 결성하고 비밀리에 지하활동을 벌이고 있었다.

1945년 8월 초 패전을 내다본 조선총독 아베는 일본인의 안전 귀국을 확보하고자 정무총감 엔도를 앞세워 협상 대상자를 찾는다.

건국준비위원회 1945년 8월 15일 해방과 동시에 여운형이 조직한 최초의 건국준비단체로, '건준'이라는 약칭으로 불렸다. 건준은 각지에 자치기관을 조직하도록 했으며, 신정부의 수립 준비와 치안 확보를 위한 활동을 벌였다. 9월 6일 조선인민공화국 임시조직법을 통과시킨 후 조선인민공화국 수립을 발표했으나, 미군정에 의해 부인되고 주석에 추대된 이승만의 거절성명으로 자연히 해체되었다.

총독부에서 돌아온 여운형은 그날로 건국동맹을 모체로 해서 조선건국준비위원회를 발족시키게 된다.

8월 15일부터 활동에 들어간 건국준비위원회는 좌익 계열인 여운형과 우익 계열인 부위원장 안재홍을 비롯해 좌·우익이 고루 들어가 있었다.

건준 지부도 활발히 조직되어 8월 말까지 145개의 지부가 생겨났다.

8월 16일부터 활동을 시작한 건준 치안대는 전국 각지에서 해방 직후 혼란해진 치안과 질서유지에 힘썼다.

이들의 활기찬 활동으로 민중은 비로소 나라를 되찾았다는 생각을 갖게 되면서 해방의 기쁨을 더욱 실감했다.

건준은 자치적으로 치안을 확보함과 동시에 각종 현존 시설, 기계, 기구, 자재, 자본 등을 함부로 버리거나 일본인이 가져가는 것을 막고

그것을 인수하여 보존, 관리하는 중대한 임무를 맡았다.

해방 사흘째인 1945년 8월 17일 저녁 8시경

건국위원들은 운전석 옆 상석에 타고 서로 잘 모르는 10여 명은 적재함에 앉거나 섰다.

다 타셨죠? 그럼 출발합니다.

그중 조흥은행 광주지점 직원인 고향이 건국위원들에게 양해를 받아 태워준 사람도 있었다.

박헌영과 이순금이었다.

박헌영은 벽돌공장에서 일하던 차림 그대로 때 묻은 무명 한복에 고무신을 신고 있었다.

건국위원들이 아침을 먹는 사이 김삼룡과 시내에 나갔다온 박헌영은

양복에 구두 차림이 되어 있었다.

전주에서 활동하던 조직원들이 마련한 의복이었다.

새로 김삼룡을 태우고 출발한 트럭은 공주에서 점심을 먹느라 잠시 쉬었다가 오후 내내 비포장도로를 달려

저녁 무렵에서야 서울로 접어들었다.

서울 시내에는 그를 찾는 벽보와 전단이 나돌고 있었다

전단은 해방되던 당일 오후부터 종로 네거리 일대에 뿌려지더니

지하에 박헌영 동무 어서 그곳을 나타나서 나갈 길을 하여 알려라! 우리의 지도

벽보까지 붙여 시선을 끌었다.

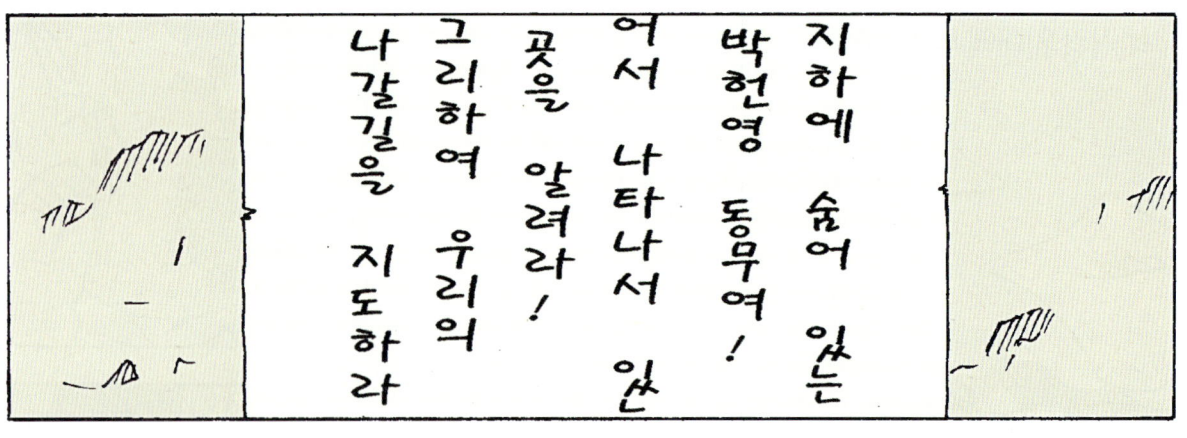

지하에 숨어 있는 박헌영 동무여! 어서 나타나서 있는 곳을 알려라! 그리하여 우리의 나갈 길을 지도하라

하지만 박헌영은 일반 대중 앞에 나서는 것에 대단히 신중했다.

이 전단과 벽보들은 박헌영이 등장하기까지 며칠 동안 시내 중심가에 계속해서 나붙어 있었다.

박헌영이라는 이름은 대중적으로 널리 알려지지는 않았어도 신문을 읽는 정도의 지식인이라면 모를 수 없었다.

감옥에서 처음 만나는 항일운동가끼리는 "박헌영을 아느냐?"는 질문이 서로의 정체를 확인하는 인사말로 통용될 정도였다.

이제 공개된 대중정치가로서 군중이 있는 곳이라면 어디든 찾아가 그들의 지지와 애정을 호소해야 했다.

그러나 그는 모르는 사람 앞에 자신을 잘 노출시키지 않았다.

권오직, 이주상 등 18명이었다.

일제 강점기 국내 항일 사회주의 운동의 핵심 지도자들이었던 이들은

박헌영은 이 자리에서 경성콤그룹이 조선공산당의 적통을 이어받은 정통세력임을 확인하고 경성콤그룹을 조선공산당 재건위원회로 개칭한다고 선언했다.

코민테른 공산주의 인터내셔널로 '국제공산당'이라고도 부른다. 1919년 3월 러시아공산당의 레닌에 의해 설립되었으며, 1943년 스탈린에 의해 해체되었다. '제3인터내셔널'이라고도 한다.

하지만 국내 공산주의자들은 박헌영이 코민테른의 명령을 받은 최고지도자라는 일제 강점기 동안의 오랜 경험에 동의했다.

또한 이 회의에서는 「해방일보」를 창간할 것을 결정했다.

당 재건을 위한 조직은 김삼룡, 김형선 동지가 꾸리고…

재건에 필요한 자금은 홍증식 동지가 맡아 주시오.

정말 내 눈으로 조선 공산당이 재건되는 걸 보게 되다니…….

홍 선생님과 박 선생님께서는 1925년 조선공산당 창립과 고려공산청년회를 함께하셨으니…

더더욱 감회가 남다르시겠군요.

1925년 조선공산당 창립 이후 해방이 될 때까지 국내 사회주의 운동의 역사를 단편적으로 정리하면 조선공산당 재건의 역사라 할 수 있다.

조선공산당이 결성되었다가 파괴된 이후

박헌영뿐 아니라 조선의 사회주의자들은 역사상 유례 없는 일제 식민지배의 폭압 속에서

계속되는 검거와 일제 경찰의 살인적인 고문에 항거하며 조선공산당을 다시 일으켜 세우는 작업을 계속해왔다.

따라서 이 재건위원회는 20년간이나 계속되어 온 조선공산당 재건 노력의 결실이요.

해방되는 그날까지 굴복하지 않고 투쟁해 온 불굴의 의지를 가진 최고 지도자들의 결합이었다.

하지만 이들과 재건운동을 함께 했지만 이 자리까지 오지 못한 이들이 훨씬 더 많았다.

이재유, 권오설, 박순병, 김재병, 강달영, 김덕연 등

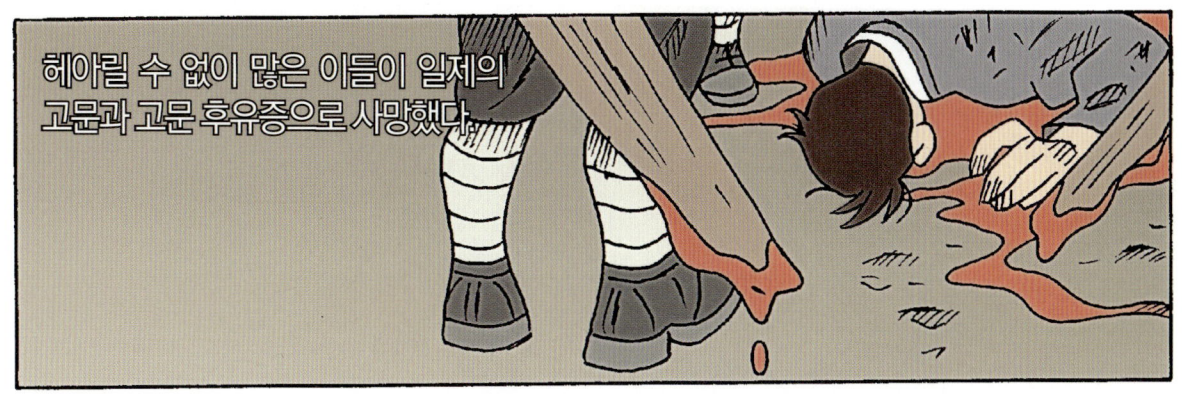

하부조직원으로 활동하던 더 많은 사회주의자들은 공식 기록에 남지도 못한 채 고문후유증으로

혹은 헌병대의 즉결 처분으로 이름도 없이 사라졌다.

소련과 중국에서 일본의 첩자로 몰려 억울하게 죽어간 사회주의자들의 숫자 역시 상당했다.

소련의 스탈린 정권은 일본의 첩자를 막는다는 이유로 얼굴이 비슷한 조선인 망명가들을 간첩으로 의심해 마구 처형했다.

박헌영의 단짝 김단야가 대표적인 경우였다.

중국공산당 역시 일본 첩자인 민생단원을 잡아낸다며 무고한 조선인 혁명가들을 마구 인민재판에 올려 총살했다.

박헌영은 곧바로 소련 영사관을 찾아갔다.

직접 대면한 적은 없으나 일제 마지막까지 비밀 연락을 주고 받아온 샤브신을 만나기 위함이었다.

공산당 재건에 결정적인 역할을 할 곳은 서울 주재 영사관이었기 때문에

소련과 연계되어 그들의 승인을 받지 않으면 공산당으로서의 권위를 가질 수 없었다.

… 고생 많았다.

공식적으로 조선공산당 재건준비위원회가 발족한 것은 8월 20일이었다.

종로구 낙원동 안중빌딩 2층에서 열린대회에서

박헌영은 다시 한 번 경성콤그룹이 조선공산당의 정식 계승자이며

이를 토대로 조선공산당 재건준비위원회가 결성되었음을 선언했다.

박헌영은 조선공산당 재건에 발맞추어 '현 정세와 우리의 임무'라는 선언을 제기해

잠정적인 정치노선으로 통과시켰다.

'8월 테제'라 불린 이 선언에서 박헌영은 먼저 제2차 세계대전의 성격을 국제 파시즘과 군벌 독재에 맞선 민주세력의 승리요 민족주의에 대한 국제주의의 승리라고 규정했다.

조선과 일본과의 전쟁에서 떳떳한 역할을 하지 못했을 뿐 아니라 자신의 의사와 달리 오히려 일본의 제국주의 전쟁에 협조했다는 사실을 반성해야 한다고 지적했다.

조선의 노동자와 농민, 도시빈민과 지식인들은 진보적 민주주의를 희망하고 있지만

지주·자본가·상인 등 민족 부르주아는 친일 성향에서 벗어나지 못하고 반민주주의 국가건설을 기대하고 있다고 보았다.

박헌영은 이런 상황을 고려해 조선의 혁명단계를 부르주아 민주주의 혁명단계라고 규정했다.

박헌영은 부르주아 민주주의를 세 종류로 나누었다.

첫째는 미국과 영국처럼 자본계급 부르주아가 영도하는 민주주의였다.

둘째는 히틀러의 지배로부터 해방된 동유럽 각국에서 발전하고 있는 인민적 민주주의로서 국민의 다수를 차지하는 민중이 영도하는 민주주의였다.

셋째는 소련에서 시행되고 있는 프롤레타리아 민주주의, 즉 사회적 민주주의였다.

박헌영은 조선은 이 세 가지 중에서 두 번째 형식인 인민적 민주주의 방향으로 나가야 한다고 보았다.

영미식 자본주의도 아니요, 소련식 사회주의도 아닌 제3의 형태로 가자는 것이었다.

박헌영이 주장한 부르주아 민주주의 노선 즉 인민적 민주주의는 박헌영뿐 아니라 당대의 다른 사회주의자들 또한 가지고 있던 생각이기도 했다.

대표적으로 원산지역 노동운동 출신으로 투쟁의 연륜이나 이론적으로 독보적인 권위를 가졌던 이주하나

경성 트로이카의 핵심지도자 이재유 등이 그러했는데

조선처럼 생산력이 뒤떨어진 나라에서 순수하고 진정한 민주주의 개혁에 의해 추진되는 민주주의로서

자본가 계급을 포함해 노동자, 농민, 소시민, 지식층 등 일체의 인민이 다 같이 평등한 자유와 권리를 갖는 제도라고 보았다.

또한 인민적 민주주의는 봉건제에서 식민지로 넘어간 약소민족들에게 일반적으로 적용되는 법칙이었다.

마오쩌둥도 1940년 2월 20일 연안에서 개최된 헌정촉진회 성립대회에서

중국이 요구하는 민주주의는 구미식 자산계급 민주주의도 아니고 소련식 프롤레타리아 민주정치도 아닌 '신민주주의'라고 천명한 바 있었다.

박헌영은 8월 테제에서 인민적 민주주의를 실현하기 위해 민족의 완전한 독립과

토지분배를 통한 농업혁명을 최우선 과제로 설정했다.

이러한 진보적 민주주의에 반대하는 세력과 비타협적인 투쟁을 전개하면서

노동자, 농민, 소부르주아지 등 혁명적 대중의 선두에 서야 한다고 선언했다.

스탈린은 이러한 박헌영의 노선을 적극 지지했다.

스탈린은 1945년 9월 21일 북한지역에 민주정당과 사회단체들의 광범한 블록에 기반을 둔 부르주아 민주정권을 창설하라고 지시했다.

이때 스탈린은 박헌영의 8월 테제를 읽고 서울 주재 소련 부영사 샤브신에게 "이 동무의 의견이 옳다"며 감탄했다고 한다.

박헌영 노선은 아직까지는 미국과의 전면적 대결을 피하려는 소련의 평화정책에 부응한 것이기도 했다.

박헌영은 조선공산당 재건위원회 발족과 동시에 지방에서의 당조직 설립을 위해 분주히 움직였다.

전권대표들에게 중앙위원회 비서 박헌영의 서명이 담긴 위임장을 주어 남북한의 각 도와 주요 도시에 파견했다.

이때까지만 하더라도 그 누구도 알지 못했다.

한반도가 얄타회담의 결과 남북으로 분단되리라는 사실을.

해방과 동시에 북위 38도를 기점으로 남북이 갈리고 소련과 미국이 진주하게 되리라고는 아무도 몰랐고

분단이 고착화될 줄은 더더욱 몰랐다.

애초에 얄타회담에서 한반도에 38선분리를 제안한 것은 미국이었다.

미국보다 앞서 한반도에 들어온 것은 소련이었다.

독일과의 교전으로 대일전을 치를 여력이 없던 소련은 일본이 항복하기 불과 일주일 전에야 선전포고를 하고 빠르게 남진해 들어왔다.

이때 미군은 한반도에서 천 킬로미터 이상 떨어진 일본 오키나와에 있었기 때문에 소련보다 빨리 들어올 수 없었다.

미국은 사회주의 소련이 한반도 전역에 진주하는 것을 우려했다.

미국 역시 다른 제국주의 국가들과 마찬가지로 쿠바, 필리핀 등을 식민지로 거느리고 있으면서

오래전부터 동북아의 전략 요충지인 한반도에 대한 욕심을 가지고 있었다.

소련이 일본과 조선을 장악하면 안 됩니다.

소련이 계속 남진하게 둘 수는 없습니다.

일본은 우리가 단독 점령하고 조선은 우리에게 유리한 방향으로 무장해제 선을 그어 소련과 반분하는 게 어떨까요?

좋은 생각이오.

실무자에게 맡겨 분할 방법을 찾도록 합시다.

공식적으로는 9월 2일 미 육군 태평양 지역 총사령관 맥아더가 "한반도에서 일본군의 무장해제는 북위 38도 이남은 미군이, 이북은 소련군이 맡는다"고 선언함으로써

남북 분단이 획정되었다.

공산주의의 남진을 막기 위한 결정이었다지만

맥아더의 선언은 천만 이산가족을 만든 분단과 참혹한 전쟁의 서곡이 되었다.

이양하겠다는 행정권도 취소하도록!

조선총독부는 18일 여운형에게 이양한 행정권 이양을 취소한다고 발표하고

인계한 신문사와 학교 등을 다시 접수했다.

심지어 일본군 3천 명으로 구성된 '특별경찰대'까지 편성하고

24일에는 총독부 기관지 「매일신보」에 미·소 분할 점령하에서 조선군정이 시행될 것이라는 보도가 나오면서부터였다.

박헌영을 포함한 사회주의자들은

미국을 공식적으로는 일본과 피흘려 싸운 해방군이었으나

실제로는 대표적인 제국주의 국가로 인식하고 있었다.

박헌영은 직접 그런 내용을 글로 쓰기도 했다.

그를 비롯한 정통 사회주의자들은 미국이 태평양 연안의 모든 나라를 식민지화하여

태평양을 자기 나라의 호수로 만들려 한다고 의심했다.

건국준비위원회가 전국에 만들어져 치안을 담당하고 있었으나

일제 강점기 말 조선총독부와 여운형 사이에 맺어진 밀약에 따른 조직이라는 한계가 있었다.

서로 경향이나 조직적 배경이 다른 이들 네 사람은 한반도에 상륙하는 미군에게 조선인이 만든 정부가 있다는 것을 보여줄 필요가 있다는 대원칙에 합의하고

긴급히 인민공화국을 만들기로 했다.

9월 6일 하오 4시

경성여고보(오늘의 경기여고) 강당에서 전국인민대표자회의가 개최되었다.

전국인민대표자회의

미군의 상륙을 불과 사흘 남겨둔 날이었다.

이야기는 계속됩니다.

출간에 도움을 주신 분들

각현스님(연꽃마을 이사장)
강신옥(변호사)
김중권(화가)
김도현(정치인)
김동국(해남종합병원 원장)
김동섭(해남종합병원 이사장)
김동춘(역사문제연구소 소장)
김병화(전 한양여대 교수)
김상철(전 민예총 사무총장)
김성동(소설가)
김세균(서울대 명예교수)
김용태(전 민예총 이사장)
김윤기(서울 민미협 회장)
김정기(전 서원대 총장)
김정남(한국문명교류연구소 이사장)
김종철(전 언론인)
김지하(시인)
김판수(사업가)
노경래(법무법인 화우대표)
대원스님(각원사 주지)
도후스님(낙산사 주지)
박영숙(사업가)
박재동(한국예술종합학교 교수)
박재란(이정기념사업회 총무)
박호성(서강대 교수)
서중석(전 성균관대 교수)
성관스님(수원사 주지)

성대경(전 성균관대 교수)
성월스님(용주사 주지)
성주스님(경기 경찰청 경숭고문)
성직스님(불교신문 사장)
세영스님(수원사 주지)
손호철(서강대 교수)
손석춘(새로운 사회를 여는 연구원 원장)
송기원(소설가, 중앙대 초빙교수)
송호창(국회의원)
신경림(시인)
안재성(소설가)
안종관(희곡작가)
양승태(이화여대 교수)
여운(화가)
여태명(원광대 교수)
염무웅(문학평론가)
오종우(희곡작가)
원경 대종사(조계종원로의원)
유병윤(만화가)
윤해동(성균관대 연구교수)
이도윤(시인)
이병창(가승미디어 대표)
이부영(정치인)
이시영(시인)
이이화(역사학자)
이택휘(전 서울교대총장)
이해찬(전 국무총리)

일면스님(호계 원장)
임경석(성균관대 교수)
임동석(건국대 교수)
임옥상(화가)
임재경(언론인)
임진택(공연 연출가)
임헌영(문학 평론가)
임혁백(고려대 교수)
임현진(서울대 교수)
자승스님(대한불교조계종 총무원장)
장두환(전 역사비평사 대표)
장명호(전 아리랑TV 사장)
장선우(영화감독)
장효백(이정기념사업회 사무장)
정완스님(청용사 주지)
종상스님(경주 불국사 관장)
종호스님(제석사 주지)
지선스님(백양사 총림방장)
청우스님(낙가사 주지)
최갑수(서울대 교수)
최민(시인)
최상룡(전 주일대사)
최희완(동아대 교수)
허유(화가)
황석영(소설가)

ⓒ 이정기념사업회(박병삼)

※ 이 책의 그림을 포함한 모든 저작권은 이정기념사업회(박병삼)에게 있습니다.

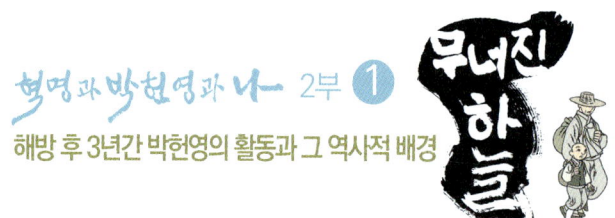

발행 | 2021년 2월 26일 글쓴이 | 유병윤·김용석 그린이 | 유병윤 교정 | 정난진·한영수 펴낸이 | 정순구 책임편집 | 정윤경
기획편집 | 조수정 조원식 마케팅 | 황주영 출력 | 블루엔 용지 | 한서지업사 인쇄 | 한영문화사 제본 | 한영제책사
펴낸곳 | (주)역사비평사 출판등록 | 제300-2007-139호(2007. 9. 20) 주소 | 경기도 고양시 덕양구 화중로 100, 506호(화정동 비젼타워21)
전화 | 02) 741-6123 팩스 | 02) 741-6126 메일 | yukbi88@naver.com 홈페이지 | www.yukbi.com
ISBN | 978-89-7696-442-7 07910 [978-89-7696-441-0 07910 (세트)]
값 18,000원

※ 책값은 표지 뒷면에 표시되어 있습니다. 잘못 만들어진 책은 구입하신 서점에서 바꾸어 드립니다.